A Matemática das Finanças

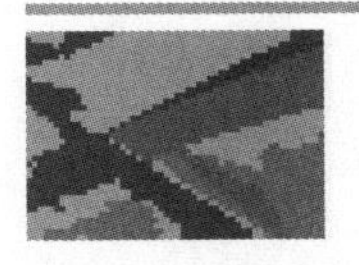

Adriano Leal Bruni
Rubens Famá

A Matemática das Finanças

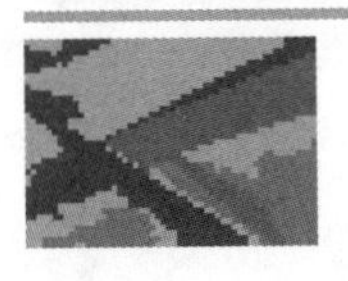

3ª Edição

Série Desvendando as Finanças

Volume 1

SÃO PAULO
EDITORA ATLAS S.A. – 2008

1. ed. 2003; 2. ed. 2007; 3. ed. 2008 (3 impressões)

Capa: Cristiano Morais e Leonardo Hermano
Composição: Set-up Time Artes Gráficas

Dados Internacionais de Catalogação na Publicação (CIP)
(Câmara Brasileira do Livro, SP, Brasil)

Bruni, Adriano Leal
A matemática das finanças / Adriano Leal Bruni, Rubens Famá. – 3. ed. – São Paulo: Atlas, 2008. – (Série desvendando as finanças, v. 1)

Bibliografia
ISBN 978-85-224-5179-1

1. Matemática financeira 2. Matemática financeira – Estudo e ensino I. Famá, Rubens. II. Título. III. Série.

03-4159 CDD-650.0151307

Índice para catálogo sistemático:

1. Matemática financeira : Estudo e ensino 650.0151307

Depósito legal na Biblioteca Nacional conforme Lei nº 10.994, de 14 de dezembro de 2004.

Impresso no Brasil/*Printed in Brazil*

EDITORA ATLAS S.A.
Rua Conselheiro Nébias, 1384 (Campos Elísios)
01203-904 São Paulo (SP)
Tel.: (011) 3357-9144
www.EditoraAtlas.com.br

Para Alzira, meu anjo particular, pela imensa ternura e atenção,
tão importantes ao longo da minha vida.

A. L. B.

Para Marcelo Augusto e Eduardo Augusto
como estímulo para seus trabalhos.

R. F.

"De tudo ficam três coisas:
a certeza de que estamos começando,
a certeza de que é preciso continuar.
E a certeza de que podemos ser
interrompidos antes de terminar.
Fazer da interrupção um novo caminho,
da queda um passo de dança,
do medo uma escola, do sonho uma ponte,
da procura um encontro.
E assim terá valido a pena."

Fernando Sabino

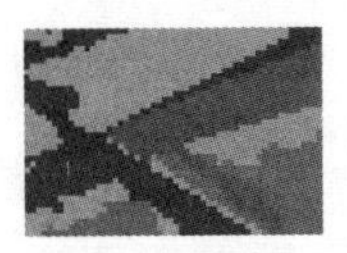

Sumário

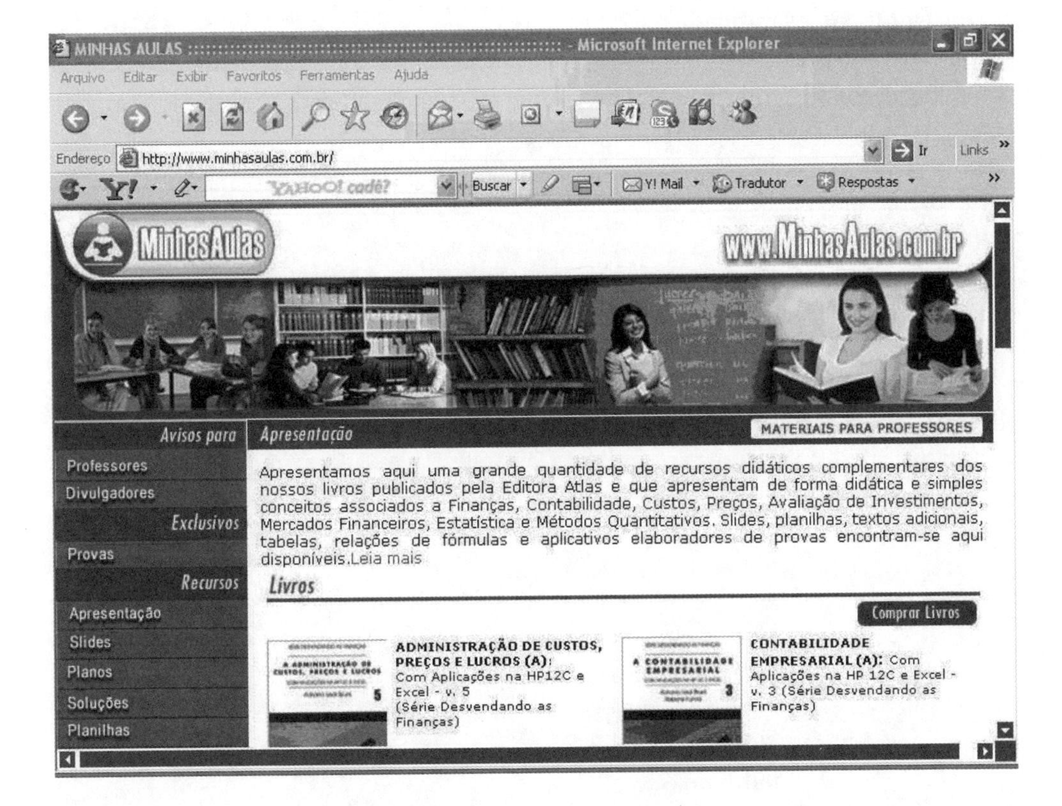

O domínio **<www.MinhasAulas.com.br>** foi criado **exclusivamente** para dar apoio aos nossos livros publicados pela Editora Atlas. No *site*, o usuário poderá encontrar uma grande variedade de recursos integralmente gratuitos e complementares dos livros, como *slides*, planilhas, exercícios eletrônicos, casos e textos extras. Alguns textos disponibilizam capítulos adicionais e soluções integrais dos exercícios propostos. Professores podem dispor, adicionalmente, de planos de disciplina e, de forma exclusiva, podem ter acesso a aplicativos eletrônicos elaboradores de provas automáticas de diferentes disciplinas. Neste último caso, devem entrar em contato com o seu representante da Editora Atlas, podendo, também, solicitar materiais complementares enviando *e-mail* para atendimento@editora-atlas.com.br ou albruni@minhasaulas.com.br.

Declarações dos Autores e da Editora

Os autores e a Editora declaram que é expressamente proibida a duplicação, ou reprodução, das páginas deste livro, ou dos *softwares* e modelos disponibilizados para *download*, de maneira total ou parcial, de qualquer forma, ou por qualquer meio, salvo com autorização por escrito dos autores e da Editora. Entende-se que os modelos financeiros e os arquivos complementares ao livro disponibilizados para *download* no *site* da Editora ou do livro serão de uso exclusivo do primeiro comprador ou usuário.

É importante também destacar que os modelos apresentados destinam-se, exclusivamente, a dar suporte didático ao texto. Embora os melhores esforços tenham sido colocados em sua elaboração, os autores e a Editora não dão nenhum tipo de garantia, implícita ou explícita, sobre todo o material, incluindo modelos, textos, documentos e programas. Os autores e a Editora não se responsabilizam por quaisquer incidentes ou danos decorrentes da compra, da *performance*, ou do uso dos modelos, teorias e/ou exemplos apresentados nas planilhas ou neste livro.

Todos os nomes próprios de programas e sistemas operacionais mencionados neste livro são marcas registradas de suas respectivas empresas ou organizações.

Apresentação da Série

A série ***Desvendando as Finanças*** objetiva apresentar da forma mais clara e didática possível os principais conceitos associados às finanças empresariais.

Os oito primeiros volumes previstos para a série ***Desvendando as Finanças*** abordam temas práticos, escritos de forma simples. Os respectivos títulos dos livros são:

1. *A matemática das finanças*
2. *As decisões de investimentos*
3. *A contabilidade empresarial*
4. *A análise contábil e financeira*
5. *A administração de custos, preços e lucros*
6. *O planejamento financeiro*
7. *Os mercados financeiros e de capitais*
8. *As finanças pessoais*

Todos os textos apresentam grande diversidade de exemplos, exercícios e estudos de casos, integralmente resolvidos. Outros recursos importantes dos textos consistem em aplicações na calculadora HP12C e na planilha eletrônica Excel. Inúmeros modelos, prontos para uso, estão disponíveis para *download* nos *sites* http://www.EditoraAtlas.com.br e http://www.MinhasAulas.com.br.

O livro *A matemática das finanças* representa a primeira obra da série ***Desvendando as Finanças***, publicada pela Editora Atlas, e consiste em um conjunto de textos, exercícios e modelos destinados a facilitar a aprendizagem e a aplicação de técnicas de Matemática Financeira.

AVISO AOS MESTRES!!!

Professores que utilizem os livros de Adriano Leal Bruni encontrarão diversos recursos didáticos complementares, como novos *slides*, exercícios, bancos de questões e planos de disciplinas na página <www.MinhasAulas.com.br>. Para entrar em contato com o autor, basta usar o *e-mail* albruni@minhasaulas.com.br.

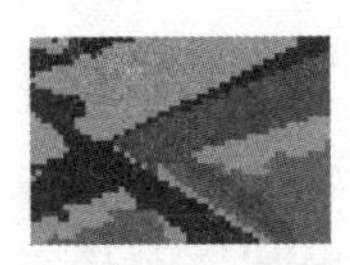

Apresentação do Livro

O livro *A matemática das finanças* apresenta de forma simples e didática a matemática financeira, seus usos e principais aplicações. Com o objetivo de tornar a aplicação dos conteúdos mais prática e dinâmica, traz o uso da calculadora HP12C e da planilha eletrônica Microsoft Excel.

O Capítulo 1 apresenta os conceitos iniciais associados a dinheiro e tempo, ilustrando o uso dos diagramas de fluxo de caixa.

O Capítulo 2 aborda o uso da calculadora HP12C e da planilha eletrônica Microsoft Excel.

O Capítulo 3 discorre sobre o regime de capitalização linear ou juros simples, destacando os cálculos de valor presente, valor futuro, prazos e taxas.

O Capítulo 4 apresenta as operações de desconto comercial e bancário, incluindo os cuidados associados à análise das taxas efetivas e suas comparações com as taxas de desconto.

O Capítulo 5 fala do regime de capitalização composta ou juros compostos. Inúmeras aplicações e exemplos ilustram o uso do regime e apresentam os principais cuidados necessários nas operações.

O Capítulo 6 discute as taxas de juros, apresentando, conceituando e operando com taxas nominais e unificadas. Discute a questão da consideração da inflação nas taxas de juros e os cuidados envolvidos nas operações financeiras com taxas nominais.

O Capítulo 7 apresenta e executa inúmeras operações com anuidades ou séries de pagamentos. São discutidos os principais aspectos relativos aos cálculos de prestações, amortizações e juros.

O Capítulo 8 fala dos sistemas de amortização, trazendo operações e exemplos no sistema de amortizações constantes, de prestações constantes e no sistema americano.

O Capítulo 9 discute as operações com séries não uniformes, conceituando e ilustrando o uso do valor presente líquido e da taxa interna de retorno.

O Capítulo 10, último do livro, apresenta inúmeras aplicações da Matemática Financeira no aplicativo "Matemagica.xls", disponível para *download* no *site* da Editora ou no *site* do livro <www.MinhasAulas.com.br>.

www.MinhasAulas.com.br

Lembramos que o *site* do livro (<www.MinhasAulas.com.br>) apresenta uma grande variedade de recursos complementares para este e para todos os nossos outros livros, como planilhas do Excel, exercícios eletrônicos, textos extras, atividades adicionais de aprendizagem, *slides* e soluções integrais de questões e exercícios. Visite-o, sempre!

1

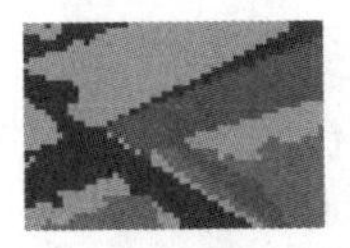

Conceitos Iniciais e Diagramas de Fluxo de Caixa

"Mais vale um pássaro na mão do que dois voando."

Anônimo

"Uma imagem vale por mil palavras."

Antigo provérbio chinês

1.1 Objetivos do capítulo

A matemática financeira representa o conjunto de técnicas algébricas empregadas na análise da relação conjunta entre dinheiro e tempo. Para facilitar sua aplicação e entendimento, deve-se empregar a representação dos diagramas de fluxo de caixa.

Este capítulo possui o objetivo de conceituar a matemática financeira e ilustrar a aplicabilidade dos diagramas de fluxo de caixa.

1.2 O valor do dinheiro no tempo

Um velho adágio popular, mencionado no início deste capítulo, afirma que "é melhor um pássaro na mão do que dois voando". Ou seja, antes o pouco certo agora do que o muito duvidoso depois. Tal colocação remete ao principal conceito estudado em finanças: o valor do dinheiro no tempo.

Transações financeiras envolvem duas variáveis-chaves: dinheiro e tempo. Como o presente é certo e o futuro duvidoso, deve sempre existir alguma compensação para as incertezas futuras. As compensações refletem o custo implícito ou explícito da transação financeira.

Associado a uma operação de investimento, em que existe um sacrifício financeiro presente em prol da obtenção de benefícios futuros compensadores, o valor do dinheiro no tempo resulta de alguns componentes básicos, apresentados como:

- **risco:** sempre existe a possibilidade de os planos não ocorrerem conforme o previsto. De outro modo, sempre haverá o risco de não receber os valores programados em decorrência de fatos imprevistos;
- **utilidade:** o investimento implica deixar de consumir hoje para consumir no futuro, o que somente será atraente se existir alguma compensação;
- **oportunidade:** se os recursos monetários são limitados, a posse deles, no presente, permite aproveitar oportunidades mais rentáveis que surjam.

O custo associado à posse do dinheiro no tempo consiste no principal aspecto estudado pela Matemática Financeira, formada por um conjunto de técnicas e formulações extraídas da matemática, com o objetivo de resolver problemas relacionados às finanças de modo geral, que, basicamente, analisam as relações entre recursos financeiros e tempo.

Por sua vez, o valor do dinheiro no tempo relaciona-se à idéia de que, ao longo do tempo, o valor do dinheiro muda, quer em função de ter-se a oportunidade de aplicá-lo, obtendo-se, assim, uma remuneração (juros) sobre a quantia envolvida, quer em função de sua desvalorização devido à inflação, quer em função dos riscos corridos e das possibilidades de perda.

Na análise de operações financeiras, alguns princípios básicos sempre deverão ser respeitados:

- Valores somente podem ser comparados se estiverem referenciados na mesma data.
- Operações algébricas apenas podem ser executadas com valores referenciados na mesma data.

1.3 Diagramas de fluxo de caixa

O avanço das tecnologias disponíveis para a realização de cálculos financeiros tem tornado gradualmente mais simples as operações algébricas que envolvem as variáveis dinheiro e tempo. De calculadoras a planilhas eletrônicas, tem sido cada vez maior a quantidade de recursos disponíveis para descomplicar a "aridez" das operações quantitativas.

Embora facilitem os cálculos, recursos complementares como calculadoras ou planilhas ainda não possuem a capacidade de compreender a natureza dos problemas financeiros analisados. Não possuem a principal característica de tomar a decisão de transferir ou não os recursos financeiros no tempo.

Dessa forma, a compreensão das variáveis sob análise em qualquer situação analisada em matemática financeira é de vital importância. Identificadas as variáveis, algoritmos prontos e já validados pelo mercado em calculadoras ou planilhas tornam possível a realização dos cálculos com extrema simplicidade – trabalho de "meio neurônio e um dedo".

Para facilitar a representação das operações financeiras e identificação das variáveis relevantes, costuma-se empregar o diagrama de fluxo de caixa ou, simplesmente, DFC, que consiste na representação gráfica da movimentação de recursos ao longo do tempo (entradas e saídas de caixa). Consiste em ferramenta simples, porém fundamental na compreensão de diversas operações financeiras.

A Figura 1.1 ilustra uma operação de aplicação de recursos, sob a óptica dos diagramas de fluxo de caixa.

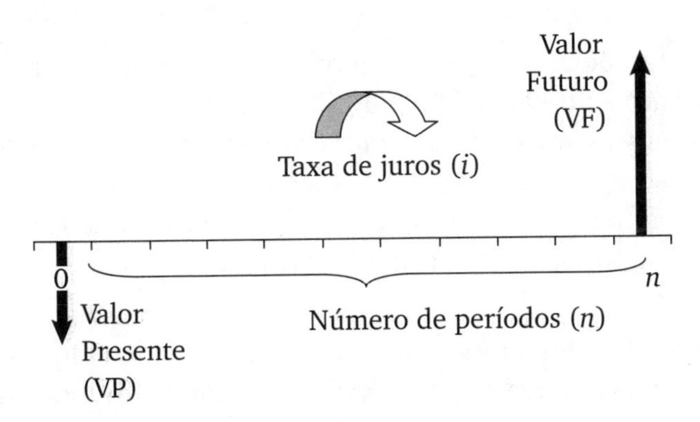

Figura 1.1 *Fluxo de caixa de operação de aplicação.*

Para elaborar um diagrama de fluxo de caixa, algumas regras precisam, por convenção, ser respeitadas:

- **escala horizontal:** deve representar o tempo, a unidade temporal de capitalização dos recursos, podendo ser expressa em dias, semanas, meses, anos etc.;
- **marcações temporais:** os pontos 0 e *n* indicam as posições relativas entre as datas. Assim, o ponto 0 representa, normalmente, a data inicial. O ponto n representa o número de períodos passados. Caso a unidade de tempo utilizada seja meses, então consideram-se *n* meses;

- **setas ou segmentos de reta para cima:** consistem nas entradas ou recebimentos de dinheiro. Por convenção, têm sempre sinal positivo;
- **setas ou segmentos de reta para baixo:** correspondem às saídas de dinheiro ou pagamentos. Por convenção, são representadas com o sinal negativo.

1.4 Componentes do diagrama de fluxo de caixa

De modo genérico, um diagrama de fluxo de caixa deve sempre conter alguns elementos básicos, caracterizados nas operações de aplicação, apresentadas na Figura 1.1, ou de financiamento expostas na Figura 1.2.

Valor presente: também denominado capital inicial, ou, simplesmente, capital. Consiste na quantidade de moeda (ou dinheiro) que um indivíduo tem disponível e concorda em ceder a outro, temporariamente, mediante determinada remuneração. Em operações de desconto, quando um valor futuro é trazido para a data atual, o valor presente também é apresentado como valor líquido. Costuma ser representado por suas iniciais **VP** ou **PV**, do inglês *present value*.

Valor futuro: também denominado montante ou valor nominal. Consiste no resultado da aplicação do capital inicial. Matematicamente, representa a soma do capital inicial mais os juros capitalizados durante o período. Em algumas situações, como nas operações de desconto comercial, o valor futuro também é denominado valor nominal. É, portanto, a quantidade de moeda (ou dinheiro) que poderá ser usufruída no futuro. Costuma ser representado por suas iniciais **VF** ou **FV**, do inglês *future value*.

Taxa de juros: também denominada custo de oportunidade do dinheiro. Representa uma medida relativa de incidência do valor do dinheiro no tempo ou juros, geralmente sobre o valor presente. Por exemplo, se em uma operação de empréstimo com valor presente igual a $ 1.000,00 existir a incidência de juros de $ 100,00 por mês, diz-se que a taxa é igual a $ 100,00/$ 1.000,00 por mês. Apresentada sob a forma percentual, diz-se que a taxa de juros é igual a 10% a.m., onde a.m. representa a unidade de referência, no caso, o mês. Costuma ser representada pela letra **i**, do inglês *interest rate* (taxa de juros).

Tempo: também denominado período de capitalização. Corresponde à duração (em dias, semanas, meses, anos etc.) da operação financeira. É comumente expresso em unidades do período a que a taxa se refere. Por exemplo, se a taxa estiver apresentada em % a.m. (por cento ao mês), o tempo ou o número de períodos de capitalização deve ser apresentado em número de meses. Por convenção, em Matemática Financeira devem-se sempre evitar alterações na taxa de juros. Quando taxa e número de períodos apresentarem unidades diferentes, o tempo ou número de períodos é que deve ser alterado e ajustado. Costuma ser representado pela letra **N**, de número de períodos.

Quando a operação financeira analisada consistir em uma série de pagamentos ou recebimentos iguais, um novo componente precisa ser representado no diagrama de fluxo de caixa, simbolizando-os. Usa-se a expressão **PGTO** (abreviação de pagamento) para representar os fluxos de recebimentos ou pagamentos iguais, muitas vezes apresentados como prestações. Veja o diagrama de fluxo de caixa apresentado na Figura 1.2.

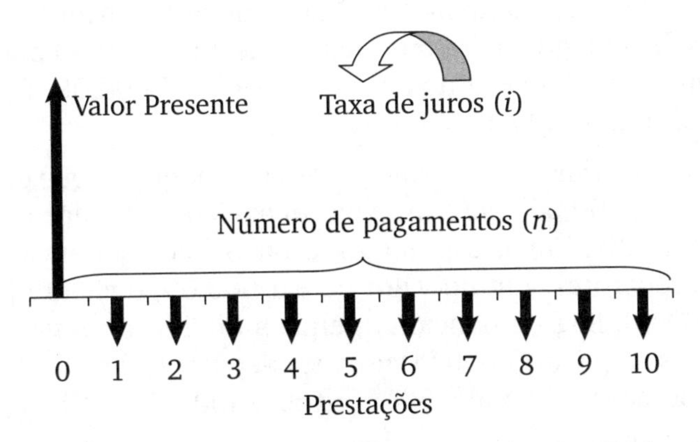

Figura 1.2 *Diagrama de fluxo de caixa de série uniforme.*

Pagamento: também denominado prestação. Corresponde a uma seqüência de pagamentos (ou recebimentos) com valores nominais iguais e distribuídos em intervalos regulares de tempo. Costuma ser representado pela expressão **PGTO** ou **PMT**, do inglês *payment*.

A diferença existente entre os valores nominais de uma operação financeira possibilita extrair o valor do dinheiro no tempo ou juros. Os juros equivalem ao aluguel do dinheiro e são genericamente representados por taxa expressa em forma percentual ao período, simbolizada através da letra **i**. É o nome que se dá à remuneração paga para que um indivíduo ceda temporariamente o capital de que dispõe.

A taxa de juros deve ser eficiente de maneira a remunerar o risco (σ) envolvido na operação de empréstimo ou aplicação, representado genericamente pela incerteza em relação ao futuro; o capital emprestado ou aplicado. Os juros devem gerar um ganho real (r) ao proprietário do capital como forma de compensar sua privação por determinado período de tempo (o ganho é estabelecido basicamente em função das diversas outras oportunidades de investimento);[1] a perda do

[1] Os juros, a rigor, representam a remuneração recebida pelo sacrifício de não consumir no presente. A postergação do consumo somente será aceita se, para compensá-la, torna-se possível obter

poder aquisitivo, que é corroído pela inflação (θ). Expressando algebricamente a taxa de juros: $(1 + i) = (1 + r).(1 + \sigma).(1 + \theta)$. Embora seu valor seja, comumente, representado em forma de taxa percentual ao período, matematicamente a taxa de juros deve ser operada em sua forma unitária.[2]

1.5 Analisando operações no gráfico

A importância do desenho e da interpretação de diagramas de fluxo de caixa é, em muitas ocasiões, fundamental na Matemática Financeira. Por exemplo, a compra a prazo de uma geladeira que custa a vista $ 1.000,00 pode ser paga em duas parcelas mensais (entrada no ato) no valor de $ 600,00. Qual é a taxa de juros mensal cobrada pela loja?

Um leigo, em um primeiro momento, poderia achar que, já que pagou $ 1.200,00 (duas parcelas de $ 600,00) para um bem financiado no valor de $ 1.000,00, a taxa seria igual a 20%. Embora intuitivo, o raciocínio está errado. Na verdade, ao comprar e receber um bem no valor de $ 1.000,00, o cliente já havia pago a entrada de $ 600,00. Logo, financiou **apenas** a diferença no valor de $ 400,00, comprometendo-se a pagar $ 600,00 um mês depois. Assim, a taxa de juros incidente sobre a operação foi igual a 50% [=(600/400 – 1) × 100%].

O diagrama de fluxo de caixa líquido da operação facilita o entendimento da operação financeira apresentada. Veja a Figura 1.3.

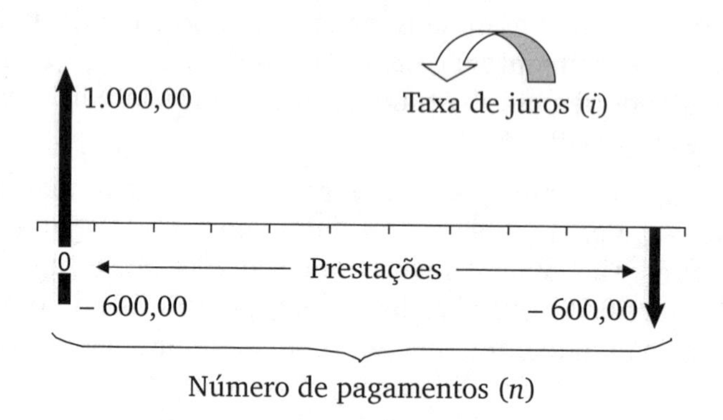

Figura 1.3 *Diagrama de fluxo de caixa bruto.*

---

uma remuneração que garanta mais consumo futuro. Para obter essa remuneração, faz-se um investimento da parcela não consumida, que representa a poupança inicial.

[2] Embora vários livros de matemática financeira apresentem operações que envolvem taxas expressas na forma percentual, optamos, nesta obra, por sempre operar os juros algebricamente, em sua forma unitária. Operações com juros serão apresentadas nos capítulos seguintes.

Como na data zero existem dois valores, um positivo igual a $ 1.000,00 e um negativo igual a $ 600,00, ambos poderiam ser representados por um valor líquido igual a $ 400,00. O diagrama de fluxo de caixa exposto anteriormente pode ser simplificado através da apresentação dos valores líquidos, conforme ilustra a Figura 1.4.

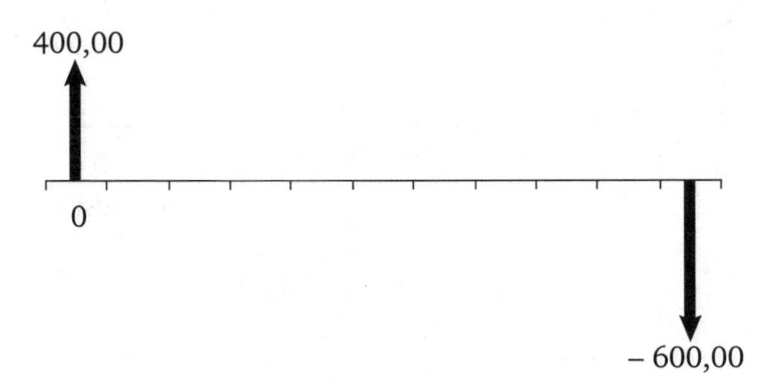

Figura 1.4 *Diagrama de fluxo de caixa líquido.*

Com o diagrama de fluxo de caixa, o entendimento da operação financeira é mais fácil e simples.

PARA AUMENTAR O CONHECIMENTO ...

ADMINISTRAÇÃO DE CUSTOS, PREÇOS E LUCROS (A): Com Aplicações na HP12C e Excel – v. 5 (Série Desvendando as Finanças). Adriano Leal Bruni

A correta construção dos diagramas de fluxo de caixa analisados em matemática financeira requer, muitas vezes, o conhecimento sobre os gastos incorridos e relevantes para as atividades de projeção. O livro "A Administração de Custos, Preços e Lucros" auxilia neste processo, apresentando de forma simples e clara a gestão dos gastos, a formação dos preços e a análise dos lucros. Para saber mais sobre o livro, visite **www.editoraatlas.com.br** ou **www.MinhasAulas.com.br**.

1.6 Exemplos com diagramas de fluxo de caixa

Para ilustrar o conceito de diagramas de fluxo de caixa, veja os exemplos apresentados a seguir.

Exemplo 1. Um empréstimo contraído no valor de $ 1.000,00, que será quitado mediante o pagamento de $ 1.200,00, daqui a seis meses, pode ser visto na figura seguinte.

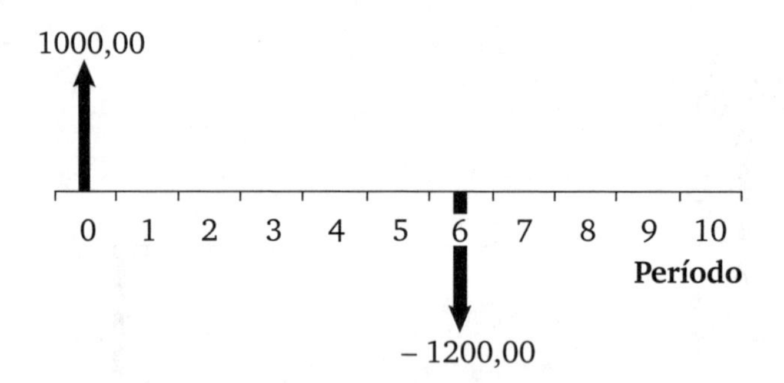

Exemplo 2. Uma aplicação no valor de $ 300,00 que será resgatada em três parcelas iguais, mensais, no valor de $ 120,00, pode ser vista a seguir:

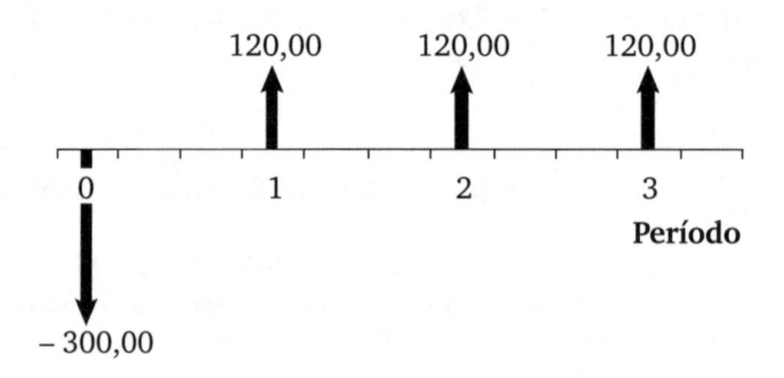

Exercícios com diagramas de fluxo de caixa

Exercício 1

Um aparelho de TV custa a vista $ 900,00, podendo ser pago em duas parcelas mensais iguais no valor de $ 500,00, uma delas na entrada. Para a operação de aquisição financiada, pede-se representar o diagrama de fluxo de caixa líquido da operação sob a óptica do lojista e determinar qual a taxa de juros da operação.

Exercício 2

Hoje, um cliente do Banco da Praça gostaria de antecipar ou descontar o recebimento de uma nota promissória, no valor de $ 6.000,00, com vencimento para 30 dias. A instituição, além de cobrar-lhe juros antecipadamente de $ 1.000,00, obriga-o a manter uma aplicação no valor de $ 1.000,00 e remunerado a 10% durante o prazo da operação. Sob a óptica do cliente, qual o diagrama de fluxo de caixa correspondente? Qual a taxa de juros da operação?

Exercício 3

Você entrou em um plano para a aquisição de um veículo zero quilômetro e, para tanto, deverá depositar hoje $ 2.000,00 no Banco do Jardim. Nos próximos seis meses, a cada 30 dias a contar de hoje, você irá depositar outros $ 2.000,00 para que, ao final do sétimo mês, o Banco conceda-lhe uma carta de crédito no valor de $ 16.000,00. Represente os diagramas de fluxo de caixa sob seu ponto de vista e sob o ponto de vista da instituição financeira.

Exercício 4

Represente o diagrama de fluxo de caixa líquido para a seguinte operação: uma empresa investiu $ 4.000,00 na compra de um novo equipamento industrial. Nos próximos quatro anos, essa máquina proporcionará para a empresa um fluxo de caixa anual extra no valor de $ 3.500,00. Ao final do quarto ano, a empresa irá vendê-la por $ 1.000,00. Os desembolsos anuais de operação do equipamento ficarão em torno de $ 500,00 por ano e ao final do quarto ano será realizada uma revisão que custará $ 500,00. Desconsidere a depreciação e a alíquota do Imposto de Renda.

2

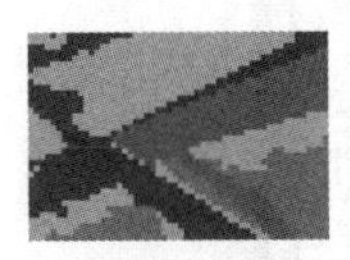

A HP12C e o Excel

"Não fique preocupado com suas dificuldades em matemática.
Eu posso assegurar que as minhas são ainda maiores."
Albert Einstein

2.1 Objetivos do capítulo

O uso das técnicas da matemática financeira, na prática, tornou-se mais fácil e simples após o lançamento de recursos como a calculadora HP12C e a planilha eletrônica Excel. Operações algébricas tornaram-se extremamente simples mediante o uso das duas ferramentas.

Este capítulo possui o objetivo de apresentar e ilustrar o uso da calculadora HP12C e da planilha eletrônica Excel.

2.2 A calculadora HP12C

Um dos recursos mais empregados na análise de operações financeiras consiste na já tradicional calculadora HP12C, representada na Figura 2.1.

Obtenha mais informações e mais conhecimentos visitando o *site* do livro (<**www.MinhasAulas.com.br**>) ou da Editora Atlas (<**www.EditoraAtlas.com.br**>).

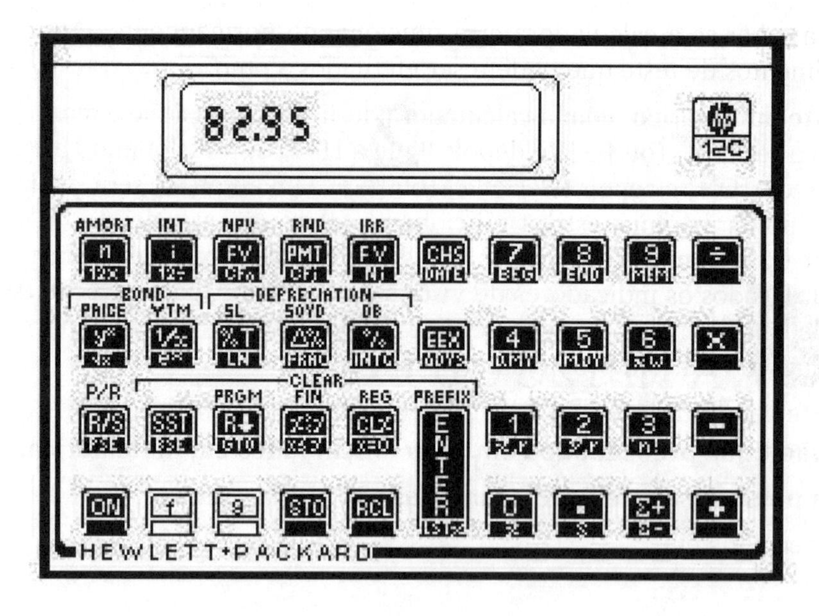

Figura 2.1 *Representação da calculadora financeira HP12C.*

Presença constante nas mesas e nos bolsos de profissionais da área financeira há mais de 20 anos, a HP12C foi lançada em 1981, dentro da clássica série de calculadoras 10C, composta pelas máquinas HP 10C, 11C, 12C, 15C e 16C, todas lançadas entre os anos de 1981 e 1985. Consiste na calculadora mais vendida em toda a história. Sua robustez e simplicidade de uso garantiram a longevidade.

Mesmo em dias atuais, com inúmeros outros recursos disponíveis, como *notebooks* ou computadores de bolso, a antiga HP12C ainda desempenha papel importante. Executa quase todas as principais operações financeiras, de forma razoavelmente simples e com grande durabilidade e resistência. Operações não tradicionais ou mais complexas não são analisadas em calculadoras financeiras, mas com o auxílio de planilhas eletrônicas como o Excel.

Alguns dos principais recursos da calculadora estão destacados nas páginas seguintes.

Comandos Iniciais

Ligar e desligar: o mais básico comando da calculadora consiste em ligá-la e desligá-la. Para isso, basta pressionar a tecla [ON].

[ON] – Liga a calculadora (se ela estiver desligada).

[ON] – Desliga a calculadora (se ela estiver ligada).

Para saber se a calculadora está funcionando normalmente, existem alguns procedimentos de teste que podem ser efetuados, como:

Teste automático: com a calculadora desligada, pressione e mantenha pressionada a tecla [x] (ou [+]) e depois ligue a HP12C, pressionando a tecla [ON]. Solte a tecla [ON] e depois a tecla [x] (ou [+]). Um autoteste será realizado. Se o mecanismo da máquina estiver funcionando corretamente, dentro de aproximadamente 25 segundos (durante os quais no visor será exibida a palavra *running* piscando), todos os indicadores do visor serão exibidos (com exceção do *: indicador de bateria fraca). Se aparecer a expressão "Error 9" ou não aparecer nada, a calculadora está com problemas.

Teste semi-automático: com a calculadora desligada, pressione e mantenha pressionada a tecla [÷] e depois ligue a HP12C, pressionando a tecla [ON]. Solte a tecla [ON] e depois a tecla [÷]. Para verificar todas as teclas da HP, nesta opção de teste é necessário pressionar TODAS as teclas da máquina, da esquerda para a direita, de cima para baixo. Ou seja, é necessário pressionar todas as teclas, da tecla [N] até a tecla [÷], depois da tecla [y^x] até a tecla [x], da tecla [R/S] até a tecla [–], pressionando, na passagem, a tecla [ENTER] e, por último, da tecla [ON] até a tecla [+], passando, também, pela tecla [ENTER]. Assim, a tecla [ENTER] deverá ser pressionada em duas passagens distintas.

De forma similar ao teste anterior, se o mecanismo da máquina estiver funcionando corretamente, após pressionar todas as teclas na ordem descrita, o visor indicará o número 12 no centro. Caso apareça a expressão "Error 9" ou não apareça nada, detecta-se que a calculadora está com problemas.

Configuração da exibição de casas decimais: embora sempre trabalhe internamente com valores com muitas casas decimais, a HP12C permite a **exibição** de um número de casas decimais prefixado. Para fixar um número de casas decimais, pressione a tecla [f] e depois o número de casas decimais desejado. Por exemplo, para trabalhar com duas casas decimais, basta pressionar [f] 2. Para exibir quatro casas decimais, pressione [f] 4.

Importante lembrar: embora **exiba** valores com um número de casas decimais predefinido, internamente a máquina processará um número com maior número de casas decimais. Em cálculos sucessivos, os valores das etapas intermediárias exibidas no visor podem, portanto, ser diferentes do valor final exibido. Assim, evite transcrever valores para o papel e depois para a calculadora. Tente sempre usar as pilhas e os registradores da calculadora, que serão abordados mais adiante.

Separador de decimais: a HP12C permite usar o ponto ou a vírgula como separador de casas decimais. Para trocar a opção em vigor, desligue a máquina, pressione a tecla [.] e depois ligue a máquina, liberando primeiro a tecla [ON] e depois a tecla [.]. Automaticamente, a HP12C trocará o separador de casas decimais.

Flag C: para poder executar operações financeiras corretamente no Brasil, é preciso configurar a máquina para operar com juros compostos mesmo nas partes fracionárias dos períodos de capitalização. Para isso, é preciso que o *flag* (indicador de visor) C esteja ativado. Para ativá-lo ou desativá-lo, basta teclar, na seqüência, [STO] [EEX].

Flag D.MY: no Brasil, datas apresentam notação do tipo DIA.MÊSANO. Para usar tal configuração na calculadora, torna-se importante ativar o *flag* correspondente. Para ativá-lo basta pressionar a seqüência de teclas: [g] [D.MY]. Para desativá-lo, deve-se pressionar [g] [M.DY].

Lógica RPN e pilhas de registradores

Para um usuário iniciante, duas das principais características das calculadoras HP12C consistem na lógica RPN (no inglês *Reverse Polonish Notation*, ou Notação Polonesa Reversa) e na pilha de registradores.

A HP12C não possui uma das principais teclas de calculadoras algébricas comuns que é a tecla de igualdade. A razão dessa inexistência consiste no fato de a HP trabalhar com uma lógica matemática diferente: a lógica RPN. Enquanto em uma operação algébrica comum os operandos devem ser intercalados por operadores, na lógica RPN os operandos devem ser colocados primeiramente e, depois, os operadores. Para separar os operandos, deve-se empregar a tecla [ENTER].

A lógica RPN consiste em um sistema lógico formal que permite a especificação de expressões matemáticas sem o uso de parênteses, através da colocação dos operadores antes (notação prefixada) ou depois (notação pós-fixada) dos operandos. Seu emprego simplifica e agiliza a realização de operações algébricas seqüenciadas.

A HP ajustou a notação pós-fixada para o teclado das calculadoras, mediante o uso de pilhas para armazenamento dos operandos e funções específicas para o manuseio das pilhas. Assim, denominou a lógica criada de Notação Polonesa Reversa, ou, simplesmente, RPN, mantendo a homenagem ao matemático polonês Jan Lukasiewicz, que propôs, de forma inovadora, a notação no início da década de 20.

Por exemplo, para somar 5 e 4 em uma operação algébrica, deve-se fazer $5 + 4 = 9$. Em uma operação com lógica RPN, é necessário entrar com o 5 e o 4 e, depois, com o operador da adição. Para poder separar os números (isto é, indicar para a calculadora que o 4 e o 5 são dois números distintos e não 45), a HP disponibiliza a tecla [ENTER]. Assim, para somar 4 e 5 na HP, será necessário pressionar as teclas 4 [ENTER] 5 [+]. No visor, aparecerá a resposta 9.

Outra característica da HP é representada pela pilha de registradores. Embora apenas um dos registradores da máquina seja sempre exibido (o visor também denominado registrador X), existem outros, dispostos em forma de "pilha", que permitem e facilitam a realização de cálculos sucessivos. Cinco registradores estão presentes na HP12C, quatro na pilha (X, Y, Z e T) e um fora da pilha (Last X).

Last X
T
Z
Y
X

Figura 2.2 *Pilha de registradores da HP12C.*

Conforme visto na representação anterior, o visor é denominado Registrador X. Além dele, existem outros registradores, como Y, Z e T. Quando um número é digitado na máquina, ele é automaticamente inserido no Registrador X (visor). Ao pressionar a tecla [ENTER], o número é duplicado, e seu valor é copiado para o registrador Y. As operações da máquina são quase sempre efetuadas com os registradores X e Y. Assim, sugere-se que, antes de iniciar operações sucessivas na HP, deve-se fazer a limpeza da pilha. Para limpar a pilha, basta pressionar as teclas [f] [REG].

A tecla [ENTER] consiste no principal mecanismo para a operação de pilhas da HP12C. Ao pressionar [ENTER], os registradores são "empurrados" para cima na pilha e o conteúdo do visor (registrador X) é duplicado. Quando as operações são efetuadas, a calculadora opera os registradores X e Y, mantendo o resultado no visor (registrador X).

É importante destacar que a única ocasião em que a tecla [ENTER] deve ser pressionada é quando se desejam dois números que estão sendo introduzidos consecutivamente, um número imediatamente após o outro. **Apenas nessas ocasiões o [ENTER] deve ser utilizado.**

A operação de adição entre o 4 e o 5 da calculadora poderia ser representada como: 4 [ENTER] 5 [+].

Operadores de pilha e registradores da HP12C

A pilha de registradores da HP12C pode ser visualizada e manipulada com uso de algumas teclas especiais, exibidas a seguir:

[ENTER]: duplica o registrador X, colocando o mesmo valor no registrador Y.

[X↔Y]: troca a posição dos registradores X e Y.

[LST X]: recupera o último registrador X.

[CLX]: limpa o registrador X (apenas).

Além dos números armazenados na pilha, outros registradores da HP12C úteis em operações estatísticas e financeiras podem ser limpados com o auxílio das funções:

[f] [REG]: limpa todos os registradores da HP (não apenas a pilha), incluindo os registradores financeiros e os estatísticos.

[f] [FIN]: limpa apenas os registradores financeiros da HP.

[f] [Σ]: limpa apenas os registradores estatísticos da HP.

Registradores adicionais

Outro conjunto de registradores adicionais da HP pode ser utilizado mediante o emprego das teclas:

[STO]: do inglês *store*, armazene. Armazena valores em um registrador que pode variar de .0 a 9 (vinte opções disponíveis). A tecla também permite executar operações algébricas com os valores armazenados. Por exemplo, o valor 380 pode ser armazenado no registrador 1 por meio das teclas 380 [STO] 1. O valor 40 pode ser acrescido ao valor armazenado no registrador 1 por meio das teclas [STO] + 1.

[RCL]: do inglês recall, recupere. Recupera valores armazenados na função [STO]. Por exemplo, para recuperar o valor anteriormente no registrador 1, basta teclar [RCL] 1.

Funções algébricas básicas

Alguns dos recursos algébricos básicos da HP12C possibilitam efetuar as operações de adição, subtração, multiplicação e divisão:

[+]: realiza operações de adição. Por exemplo, para somar 50 e 30 na HP12C, basta executar 50 [ENTER] 30 [+] Visor => 80,0000.

[–]: realiza operações de subtração. Por exemplo, para subtrair 20 de 60 *na* HP12C, basta pressionar as teclas 60 [ENTER] 20 [–] Visor => 40,0000.

[x]: realiza operações de multiplicação. Por exemplo, para multiplicar 15 por 4, basta pressionar 15 [ENTER] 4 [x] Visor => 60,0000.

[÷]: realiza operações de divisão. Convém ressaltar que, neste livro, a tecla está quase sempre representada por [/]. Por exemplo, para dividir 80 por 5 na HP12C, basta pressionar as seguintes teclas: 80 [ENTER] 5 [/] Visor => 16,0000.

Exercícios com funções algébricas básicas

Exercício 5

Calcule na HP12C os resultados das operações:

a) 78 + 12;
b) 54 – 14;
c) 90 x 3;
d) 120 / 20.

Exercício 6

Com o auxílio da pilha de registradores da HP12C, pede-se executar as seguintes operações:

a) (80 – 60)/(16 – 6);
b) 38/2 – 9;
c) [(50/5)–5]/{[(30*3) – 80]/10};
d) {78 – [2*(50/5)]}.

Funções algébricas especiais

Além das funções com as quatro operações fundamentais da matemática, a HP12C possui outras funções algébricas especiais:

[CHS]: do inglês CHange Sign, "troca o sinal" do registrador X, isto é, multiplica seu valor por – 1. Por exemplo, para entrar com o valor – 105 na HP12C, é preciso colocar o valor 105 e depois trocar seu sinal através da tecla [CHS].

[EEX]: do inglês Enter EXpoent, introduz o expoente, isto é, coloca o expoente de 10 que multiplica o número que está sendo inserido. Permite operações com números grandes. Por exemplo, para digitar 17.000.000.000, basta teclar 17 [EEX] 9. De forma similar, para digitar 0,000008 na HP12C, bastaria teclar 8 [EEX] [CHS] 6.

[1/x]: calcula o inverso do registrador X. Para calcular, por exemplo, 1/20, bastaria teclar 20 [1/x] Visor => 0,05.

[g] [√x]: calcula a raiz quadrada do registrador X. Por exemplo, para calcular a raiz quadrada de 7.225,000, basta teclar 7225 [g] [√x]. O visor fornece a resposta: 85,0000.

[Y^x]: calcula o registrador Y elevado ao registrador X. Por exemplo, para calcular o cubo de 14, basta teclar na HP12C: 14 [ENTER] 3 [Y^x]. O visor fornece a resposta: 2.744,0000. Para calcular a raiz enésima de um número qualquer, basta elevá-lo ao inverso do índice da raiz. Por exemplo, para calcular a raiz quinta de 371.293, basta elevar o número ao inverso de cinco. Na HP12C: 371293 [ENTER] 5 [1/x] [Y^x]. O visor fornece a resposta: 13,0000.

[g] [n!]: calcula o fatorial do registrador X. Por exemplo, para calcular 7!, basta teclar na HP12C: 7 [g] [n!]. O visor fornece a resposta: 5.040,0000.

[g] [LN]: calcula o logaritmo neperiano do registrador X. Por exemplo, para calcular o logaritmo neperiano de 80, basta teclar 80 [g] [LN]. A HP12C fornece o resultado: 4,3820.

É importante destacar que a HP não possui a função para cálculo de logaritmos com base 10, entretanto pode-se empregar uma propriedade dos logaritmos apresentada como:

$$\log_a b = \log_k a / \log_k b \text{ ou } \log_{10} x = \ln x / \ln 10$$

Assim, para obter o logaritmo neperiano de 100, por exemplo, bastaria extrair o logaritmo neperiano de 100 e dividi-lo pelo logaritmo neperiano de 10. Por exemplo, na HP bastaria fazer 100 [g] [LN] 10 [g] [LN] [÷] que é igual a 2.

[g] [FRAC]: calcula a parte fracionária do registrador X (isto é, do número registrado no visor). Por exemplo, para extrair a parte fracionária de

17,8562, basta teclar na HP12C: 17,8562 [g] [FRAC]. O visor fornece a resposta: 0,8562.

[g] [INTG]: calcula a parte inteira do registrador X. Por exemplo, para extrair a parte inteira de 17,8562, basta teclar na HP12C: 17,8562 [g] [INTG]. O visor fornece a resposta: 17,0000.

Exercícios com funções algébricas especiais

Exercício 7

Com o auxílio das funções matemáticas da HP12C, calcule:

1. Os inversos de: a) 8; b) – 25; c) 0,3333; d) 60 e e) – 3,42.
2. Os exponenciais: f) 5^3; g) $81^{-0,25}$; h) 65^8 e i) $12^{-0,5}$.
3. A raiz quadrada de: j) 36; k) 6400; l) 48900; m) 568 e n) 952.
4. Os logaritmos neperianos de: o) 56; p) 3; q) 588; r) 100 e s) 1000.
5. Os logaritmos de: t) 10; u) 500; v) 0,001 e w) 96.
6. O fatorial de: x) 3, y) 5, e z) 9.

Funções percentuais

Na HP12C, existem três funções que facilitam cálculos percentuais:

[%]: calcula a percentagem fornecida no registrador X em cima do registrador Y. Por exemplo, para saber quanto é 20% de 80, basta teclar 80 [ENTER] 20 [%] Visor => 16,0000. Caso seja preciso somar 80 com 20% de 80, basta executar 80 [ENTER] 20 [%] [+] Visor => 96,0000.

[%T]: calcula quanto por cento do registrador X o registrador Y vale. Por exemplo, para saber quanto por cento 440 vale de 400, basta teclar 400 [ENTER] 440 [%T] Visor => 110,0000. Ou seja, 440 equivale a 110% de 400.

[Δ%]: calcula a variação percentual existente entre os registradores Y e X, nesta ordem. Por exemplo, um bem custava $ 50,00. Posteriormente, seu preço foi majorado para $ 60,00. Para saber qual foi a variação percentual, basta teclar: 50 [ENTER] 60 [Δ%] Visor => 20,0000. Ou seja, a variação foi de + 20%.

Exercícios com funções percentuais

Exercício 8

Calcule quanto é:

a) 30% de 500;
b) 20% de 900;
c) 600 + 15% de 600;
d) 400 – 12% de 400.

Exercício 9

Um automóvel zero quilômetro custava $ 16.000,00 e passou a custar $ 20.000,00. Pede-se determinar a variação percentual do preço do bem.

Exercício 10

Uma empresa apresentou ativos totais no valor de $ 400.000,00; $ 500.000,00 e $ 600.000,00 nos anos de 1999, 2000 e 2001. Pede-se apresentar a evolução percentual destes números, empregando o ano de 1999 como base, com valor 100%.

Exercício 11

Empregando a função [%T], calcule a evolução percentual, com base no primeiro valor fornecido, dos preços do quilo da abobrinha apresentados a seguir:

Valor	Evolução %
1,80	–
1,75	a
2,20	b
2,50	c

Exercício 12

Calcule as variações percentuais dos gastos de uma família relatados a seguir. Qual item apresentou maior crescimento?

Descrição	1990	1991	Variação %
Alimentação	300	330	A
Vestuário	400	360	B
Moradia	480	520	C

Funções de data

Outro conjunto de funções úteis da HP12C nas operações da matemática financeira são as funções que permitem operações com datas.

Em relação às operações com datas, é importante ressaltar que a HP só permite cálculos com datas entre 15/10/1582 e 25/11/4046.

Antes de começar a trabalhar com cálculos de data na HP12C é necessário configurar a notação empregada. Para isso, antes de colocar as datas na máquina, deve-se selecionar uma das opções representadas nas funções:

[g] [D.MY]: configura a HP para trabalhar no modo de notação dia.mês ano;

[g] [M.DY]: configura a HP para trabalhar no modo de notação mês.dia ano.

Como, no Brasil, é adotada a convenção de notação de datas no formato dia, mês e ano, recomenda-se que o indicador D.MY esteja sempre ativado.

As funções de data consistem em:

[g] [DATE]: com base no registrador Y, calcula a data futura ou passada acrescida do número de dias presente no registrador X. Por exemplo, se uma aplicação foi feita em 24/05/2002 por um prazo de 30 dias corridos, para calcular o vencimento basta teclar na HP12C: 24.052002 [ENTER] 30 [g] [DATE] Visor => 23.062002 7. O dígito de data 7 significa que a data 23/06/2002 é um domingo.

A relação de dígitos de data da HP12C pode ser vista no Quadro 2.1.

Quadro 2.1 *Dígito de data da HP12C.*

Dígito	Dia da semana
1	Segunda-feira
2	Terça-feira
3	Quarta-feira
4	Quinta-feira
5	Sexta-feira
6	Sábado
7	Domingo

[g] [ΔDYS]: calcula o número de dias corridos existentes entre as datas fornecidas nos registradores Y e X. Por exemplo, se uma operação foi contratada entre 14/03/02 e 15/05/02, para saber seu prazo em dias, basta teclar: 14.032002 [ENTER] 15.052002 [g] [ΔDYS] Visor => 62,0000. Ou seja, existem 62 dias corridos entre as datas.

Exercícios com funções de data

Exercício 13

Um pagamento deveria ter sido feito em 12/04/00. Entretanto, foi pago com atraso em 27/05/00. Com quantos dias de atraso o documento foi quitado?

Exercício 14

Uma pessoa nasceu em 16/08/76. Em que dia da semana ela nasceu?

Exercício 15

Uma aplicação financeira feita em 18/02/01 vence dentro de 80 dias. Quando será o resgate dessa aplicação?

Exercício 16

Uma pessoa, que nasceu em 20/04/1979, possuía quantos dias de vida em 23/04/2002?

Exercício 17

Pede-se calcular a quantidade de dias corridos existentes entre as datas apresentadas a seguir.

	Operação A	Operação B	Operação C	Operação D
De	25/05/1972	13/09/1976	16/04/1971	22/01/2002
Até	26/08/1999	15/11/2002	15/08/1972	23/04/2002

Funções financeiras

As funções financeiras da máquina destinam-se exclusivamente à realização de operações com juros compostos. Todas as funções financeiras da calculadora estão apresentadas mais adiante neste livro.

Códigos de erro

Eventualmente, na operação da HP12C pode ocorrer alguma falha, resultando em um procedimento incorreto, muitas vezes indicado por uma mensagem de erro. As principais mensagens de erro da calculadora serão descritas no Quadro 2.2.

Quadro 2.2 *Códigos de erro da HP12C.*

Error 0	Erro em operações matemáticas. Exemplos: divisão de número por zero, raiz quadrada de número negativo, logaritmo de número menor ou igual a zero, fatorial de número não inteiro.
Error 1	Ultrapassagem da capacidade de armazenamento e processamento da máquina: a magnitude do resultado é igual ou superior a 10100. Por exemplo, fatorial de 73. Note que a mensagem de erro não aparece: apenas uma série de noves aparece no visor.
Error 2	Operações estatísticas com erro. Por exemplo, média com *n* igual a 0.
Error 3	Erro no cálculo da taxa interna de retorno (IRR). Neste caso, a mensagem informa que o cálculo é complexo, podendo envolver múltiplas respostas, e não poderá prosseguir, a menos que você forneça uma estimativa para a taxa interna de retorno (IRR).
Error 4	Erro em operações com a memória da calculadora. Por exemplo: tentativa de introdução de mais de 99 linhas de programação; tentativa de desvio (GTO) para uma linha inexistente em um programa; tentativa de operação com os registradores de armazenamento (R5 a R9 ou R.0 a R.9); tentativa de utilização de um registrador ocupado com linha de programação.
Error 5	Erro em operações com juros compostos. Provavelmente, algum valor foi colocado com o sinal errado (todos os valores têm o mesmo sinal), ou os valores de *i*, PV e PF são tais que não existe solução para *n*.
Error 6	Problemas com o uso dos registradores de armazenamento. O registrador de armazenamento especificado não existe, ou foi convertido em linha de programação. O número de fluxos de caixa inseridos foi superior a 20.
Error 7	Problemas no cálculo da taxa interna de retorno (IRR). Não houve troca de sinal no fluxo de caixa.
Error 8	Problemas com o calendário. Podem ser decorrentes do emprego de data inapropriada ou em formato impróprio; tentativa de adição de dias além da capacidade da máquina.
Error 9	Problemas no autoteste. Ou o circuito da calculadora não está funcionando corretamente, ou algum procedimento no autoteste apresentou falhas.

2.3 A planilha Excel

De forma mais recente, a aplicação prática da matemática financeira tornou-se simplificada graças às planilhas eletrônicas, como a Microsoft Excel.

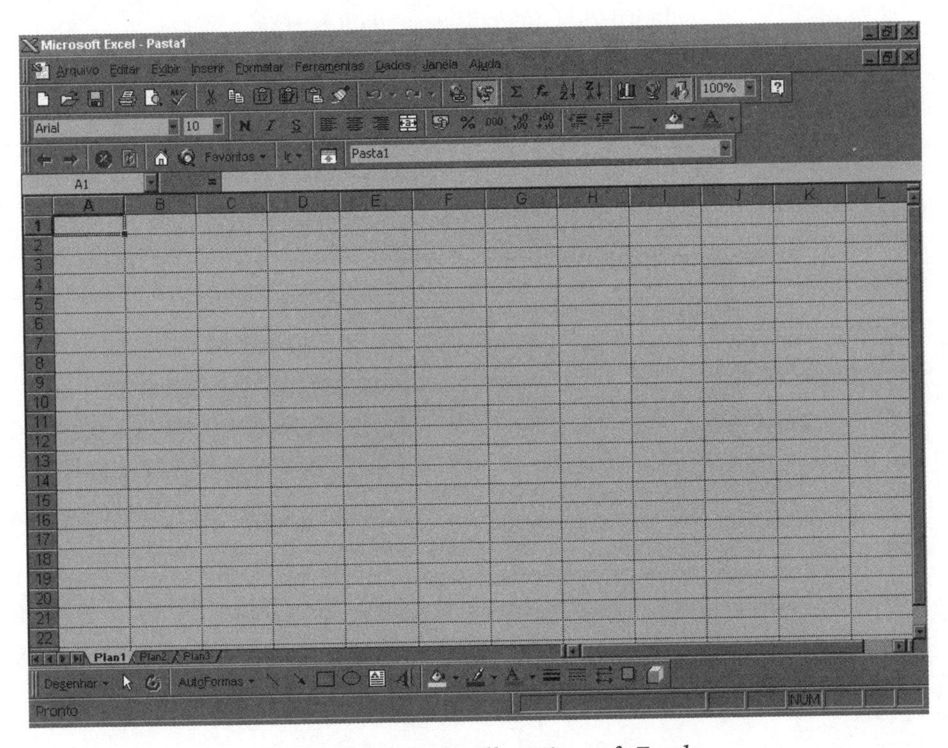

Figura 2.3 *A planilha Microsoft Excel.*

Diversos usos em matemática financeira da planilha estão apresentados nas páginas seguintes.

PARA AUMENTAR O CONHECIMENTO...

Os conceitos relativos ao uso da HP 12C ou do Excel podem ser vistos com maior profundidade em outros dos meus livros publicados pela Editora Atlas. Para conhecer os livros, visite www.EditoraAtlas.com.br ou www.MinhasAulas.com.br.

3

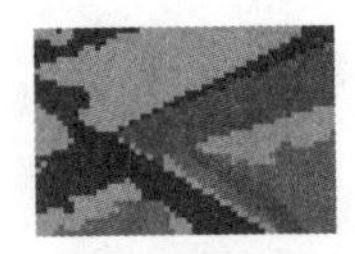

Juros Simples

"Nunca sacrifique a economia de tempo em nome da economia de escala."

Freeman Dyson

3.1 Objetivos do capítulo

A forma mais fácil de consideração da análise do valor do dinheiro no tempo consiste em calcular a incidência da taxa de juros apenas sobre o capital inicialmente aplicado. Nessa situação, a incidência da taxa de juros, também denominada capitalização, recebe a denominação de regime de capitalização simples, ou, de forma resumida, regime dos juros simples.

Este capítulo possui o objetivo de apresentar o conceito da capitalização simples. Para facilitar a compreensão, diversos exercícios estão propostos e solucionados.

3.2 Uma forma fácil de entender a evolução dos juros no tempo

No regime de capitalização simples, ou, simplesmente, no regime dos juros simples, a taxa de juros incide **somente** sobre o valor inicialmente aplicado ou tomado emprestado. Por exemplo, $ 500,00 aplicados a 10% ao período renderão sempre $ 50,00; por sua vez, iguais a 0,10 x $ 500,00 por período. Em quatro períodos o total dos juros será igual a 4 x $ 50,00 = $ 200,00. Veja a Figura 3.1.

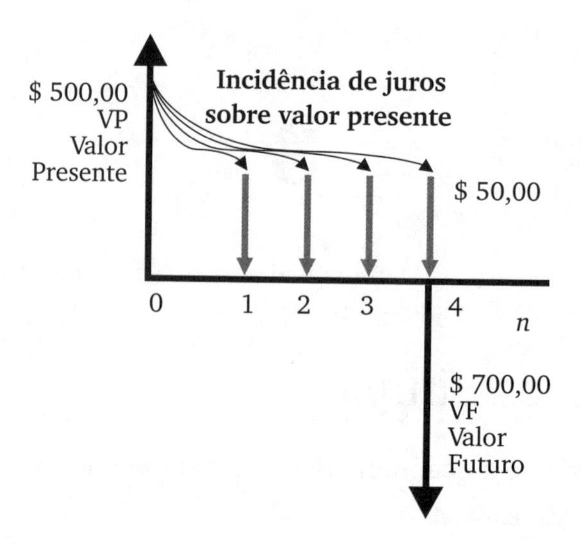

Figura 3.1 *Incidência de juros simples sobre empréstimo.*

A Figura 3.1 mostra a capitalização no regime dos juros simples. Um principal no valor de $ 500,00 aplicado a 10% ao período rende $ 50,00 por período e totaliza um valor futuro igual a $ 700,00.

Outro exemplo pode ser visto na tabela seguinte, que mostra a capitalização simples de uma aplicação no valor de $ 800,00, capitalizada a 8% ao mês durante seis meses. A incidência da taxa de juros ocorre sempre sobre o capital inicial.

Mês	Saldo Inicial	Juros	Saldo Final
0	800,00	–	800,00
1	800,00	64,00	864,00
2	864,00	64,00	928,00
3	928,00	64,00	992,00
4	992,00	64,00	1.056,00
5	1.056,00	64,00	1.120,00
6	1.120,00	64,00	1.184,00

Assim, genericamente, os juros capitalizados por período no regime de capitalização simples poderiam ser apresentados como:

$$J = VP \, . \, i$$

Onde:

J = juros

VP = valor presente

i = taxa

Geralmente, a taxa costuma ser apresentada ao dia, ao mês, ao bimestre, ao trimestre, ao quadrimestre, ao semestre ou ao ano. Para simplificar a notação, os períodos costumam ser abreviados. Veja o Quadro 3.1.

Quadro 3.1 *Abreviaturas empregadas na notação das taxas.*

Abreviatura	Significado
a.d.	ao dia
a.d.u.	ao dia útil
a.m.	ao mês
a.m.o.	ao mês *over*
a.b.	ao bimestre
a.t.	ao trimestre
a.q.	ao quadrimestre
a.s.	ao semestre
a.a.	ao ano

Em relação aos períodos anuais, as operações financeiras costumam considerar diferentes números de dias em um ano. Duas convenções são empregadas:

- **ano civil ou exato:** formado por 365 dias;
- **ano comercial:** formado por 360 dias.

Por exemplo, um capital de $ 500,00 foi aplicado a taxa de 5% a.m. no regime de capitalização simples. Pede-se para obter o valor dos juros mensais.

***Solução*:** basta aplicar a fórmula: $J = VP.i = 500 \times 0{,}05 = \$\ 25{,}00$. Convém lembrar que a taxa deve ser operada matematicamente sempre na forma unitária.

Em n períodos, os juros totais serão iguais aos juros por período multiplicados pelo número de períodos, ou:

$$J = VP \cdot i.n$$

Onde:

J = juros

VP = valor presente

i = taxa

n = número de períodos da capitalização

Outro exemplo: Um capital de $ 120,00 foi aplicado à taxa de 4% a.m. no regime de capitalização simples por 7 meses. Pede-se obter o valor dos juros capitalizados durante o período de vigência da aplicação.

Solução: basta aplicar a fórmula: $J = VP.i.n$ = 120 x 0,04 x 7 = $ 33,60.

É importante ressaltar que taxa e n devem estar sempre na mesma base, refletindo o mesmo período. Por exemplo, se n representa o **número de meses**, i deve ser expressa na forma **unitária ao mês**. Deve-se, sempre que possível, evitar transformar i. Embora no regime de capitalização simples a transformação da taxa seja extremamente simples, no regime de capitalização composta isto não é verdade. Assim, sempre que n e i divergirem, n deve ser colocado na mesma base de i.

Por exemplo, pede-se para obter o valor resgatado de uma aplicação de $ 1.600,00 feita a uma taxa de 3% a.m. no regime dos juros simples durante 2 anos.

Solução: nesta situação, n está expresso em anos e i está expressa ao mês. Para poder aplicar a fórmula, ambos devem referir-se à mesma base. Como deve-se evitar transformar a taxa, bastaria, então, transformar 2 anos em 24 meses. Aplicando a fórmula: $VF = VP.(1+i.n)$ = 1600 (1 + 0,03 x 24) = $ 2.752,00.

O montante ou valor futuro no regime de capitalização simples pode ser representado como:

$$VF = VP + J = VP + VP.i.n = VP \,.\, (1 + i.n)$$

Onde:

VF = valor futuro

VP = valor presente

J = juros

i = taxa de juros

n = número de períodos de capitalização

Por exemplo, uma empresa tomou $ 3.000,00 emprestados para pagar dentro de 5 meses, a uma taxa de juros simples igual a 6% a.m. Pede-se para calcular o valor futuro desta operação.

Solução: aplicando a álgebra: $VF = VP.(1 + i.n)$ = 3000 x (1 + 0,06 x 5) = $ 3.900,00.

3.3 Cálculos e fórmulas com juros simples

Da fórmula original de capitalização do valor futuro poderiam ser extraídas outras fórmulas, que permitem a obtenção direta do valor presente, taxa ou períodos de capitalização.

***Cálculo do valor presente*:** basta dividir o valor futuro por (1 + *in*). Algebricamente:

$$VP = \frac{VF}{(1 + i \cdot n)}$$

***Cálculo da taxa de juros*:** basta isolá-la na fórmula básica. Algebricamente:

$$i = \frac{\left(\frac{VF}{VP} - 1\right)}{n}$$

PARA AUMENTAR O CONHECIMENTO ...

MATEMÁTICA FINANCEIRA COM HP12C E EXCEL.
Adriano Leal Bruni e Rubens Famá

O bom uso da Matemática Financeira requer o domínio de conceitos e operações fundamentais de álgebra. O livro “Matemática Financeira com HP12C e Excel” revisa todos os principais conceitos de matemática básica necessários em Finanças, trazendo mais de 1.000 exercícios ao longo do livro, incluindo muitas questões de concursos públicos. Para saber mais sobre o livro, visite **www.EditoraAtlas.com.br ou www.MinhasAulas.com.br**.

***Cálculo do número de períodos*:** de forma similar, operações algébricas permitem isolar seu valor.

$$n = \frac{\left(\frac{VF}{VP} - 1\right)}{i}$$

Alguns exemplos com aplicações das fórmulas de juros simples podem ser vistos a seguir.

Exemplo 3. Uma aplicação feita no regime de juros simples rendeu um montante igual a $ 750,00 após 5 meses, a uma taxa de 10% a.m. Pede-se obter o capital inicial da operação.

Solução: basta aplicar a fórmula para o cálculo do valor presente.

$$VP = \frac{VF}{(1 + i \cdot n)} = \frac{750}{1 + 0{,}10.5} = \frac{750}{1{,}50} = 500$$

Exemplo 4. O valor de $ 200,00 foi aplicado por cinco meses, permitindo a obtenção de $ 400,00. Sabendo que o regime de capitalização era o simples, pede-se calcular a taxa de juros mensal praticada durante a operação.

Solução: aplicando a fórmula para cálculo de taxa com juros simples:

$$i = \frac{\left(\frac{VF}{VP} - 1\right)}{n} = \frac{\left(\frac{400}{200} - 1\right)}{5} = 0{,}20 = 20\%$$

Exemplo 5. A quantia de $ 134,00 foi obtida como montante de uma aplicação de $ 68,00 feita à taxa de 2% a.m. no regime dos juros simples. Pede-se obter a duração da operação.

Solução: empregando a fórmula para cálculo do número de períodos com juros simples:

$$n = \frac{\left(\frac{VF}{VP} - 1\right)}{i} = \frac{\left(\frac{134}{68} - 1\right)}{0{,}02} = 48{,}53$$

Operações com juros simples na HP12C

As funções específicas da HP12C para cálculos com juros simples apresentam uma estranha lógica de funcionamento. Nessas situações, devem-se empregar as funções algébricas da calculadora.

Exemplo 6. Uma aplicação feita no regime de juros simples rendeu um montante igual a $ 19.000,00 após 6 meses, a uma taxa de 3% a.m. Pede-se obter o capital inicial da operação.

***Solução na HP12C*:** 19000 [ENTER] 0,03 [ENTER] 6 [x] 1 [+] [/] Visor => 16.101,6949.

Exemplo 7. O valor de $ 16.000,00 foi aplicado por quatro meses, resultante em um montante igual a $ 17.280,00. Sabendo que o regime de capitalização era o simples, pede-se calcular a taxa de juros mensal praticada durante a operação.

Solução na HP12C: 17280 [ENTER] 16000 [/] 1 [–] 4 [/] Visor => 0,0200. Expressando em percentual, a taxa obtida foi igual a 2% a.m.

Exemplo 8. A quantia de $ 5.000,00 foi obtida como montante de uma aplicação de $ 4.716,98 feita à taxa de 2% a.m. no regime dos juros simples. Pede-se obter a duração da operação.

Solução na HP12C: 5000 [ENTER] 4716,9811 [/] 1 [–] 2 [/] Visor => 3,0000.

Exercícios com juros simples

Exercício 18

O cliente de uma instituição financeira aplicou $ 20.000,00 por três meses à taxa de 5% a.m. Considerando o regime de capitalização de juros simples, qual foi o valor futuro resgatado?

Exercício 19

Mariana resgatou $ 1.200,00 de uma aplicação feita por quatro meses a uma taxa igual a 5% ao mês. Qual o valor da aplicação inicial feita por Mariana?

Exercício 20

Uma aplicação rendeu juros no valor de $ 200,00 após 5 meses. Se o capital aplicado foi igual a $ 800,00, qual a taxa de juros simples vigente durante a operação?

Exercício 21

Afonso resgatou $ 4.025,00 após aplicar $ 3.500,00. Se a taxa de juros vigente na operação foi igual a 3% ao mês, qual o prazo da operação?

Exercício 22

A empresa Azul do Mar Ltda. tem uma dívida no valor de $ 1.000,00 sobre a qual incide uma taxa de juros simples igual a 38% a.a. Se a dívida foi paga 6 meses após a contratação, qual foi o valor dos juros pagos?

Exercício 23

Um principal no valor de $ 28.000,00 foi aplicado por quatro meses a uma taxa de 18% a.a. Posteriormente, o valor de resgate obtido foi reaplicado por mais três meses a uma taxa igual a 0,2% ao dia. Qual o valor de resgate da operação?

Exercício 24

Determinar o valor dos juros simples de uma aplicação financeira de $ 65.000,00 em letra de câmbio se a financeira paga juros de 3% a.m. e o prazo da aplicação é de 100 dias.

Exercício 25

Que montante receberá um investidor que tenha investido $ 42.000,00 durante 2 anos e 2 meses a uma taxa de juros simples de 18% a.a.?

Exercício 26

Quais os juros devidos ao capital de $ 38.000,00 emprestado à taxa de juros de 17% a.s. durante 3 anos e 7 meses? Considere o regime de capitalização simples.

Exercício 27

Calcule o montante decorrente de um capital de $ 78.000,00 aplicado durante 164 dias à taxa de 6% a.a. Empregue o ano comercial.

Exercício 28

Qual o montante correspondente a uma importância de $ 25.000,00 aplicada pelo prazo de 53 dias, à taxa de 5% ao mês, considerando o mês comercial e o modelo de juros simples?

Exercício 29

Qual o capital que, aplicado à taxa de juros simples igual a 34,2% a.a., durante 3 meses, produziu juros simples no valor de $ 6.520,00?

Exercício 30

Qual o capital inicial que, aplicado durante 2 meses à taxa de 2% a.m., produz juros iguais a $ 17.000,00 no regime de capitalização simples?

Exercício 31

Uma loja necessita de $ 20.000,00 daqui a 3 meses. Quanto ela deve depositar hoje em um banco que paga 12% a.a. de juros para obter essa quantia no prazo desejado? Considere o regime de capitalização simples.

Exercício 32

Um *comercial paper* que vence em 5 meses, com valor de face de $ 26.000,00 e que rende juros simples no valor de 16% a.a., é vendido 140 dias antes da data do vencimento. Por quanto o título foi comercializado? Considere o ano exato nos cálculos.

Exercício 33

Estime a quantia que Aninha deveria aplicar no banco de modo a ter $ 120.000,00 no final de 3 anos a juros simples de 17% a.a.

Exercício 34

Se o valor nominal de uma nota promissória é de $ 82.000,00, qual seu valor atual 5 meses antes do vencimento se a taxa de juros for igual a 17% a.a. no regime de capitalização simples?

Exercício 35

Durante aproximadamente quantos dias o capital de $ 25.000,00, aplicado à taxa de 28% a.a., produz juros de $ 2.400,00? Considere o regime de capitalização simples, o ano comercial e aproxime para o inteiro superior.

Exercício 36

Considerando uma taxa de juros em regime de capitalização simples de 8% por período, no fim de quantos períodos um capital triplicará de valor?

Exercício 37

Determine o prazo em dias necessário para quintuplicar um capital a uma taxa de 182% ao ano, no regime de juros simples. Considere o ano comercial e aproxime o resultado para o inteiro superior.

Exercício 38

Qual a taxa de juros mensal que incidiu sobre uma aplicação de $ 90.000,00 durante o prazo de 6 meses se o valor dos juros foi igual a $ 15.000,00 no regime de capitalização simples?

Exercício 39

Determine a taxa mensal de juros simples que faz com que um capital aumente em 20% ao fim de 2 anos.

Exercício 40

A aplicação de um principal de $ 12.000,00 produz um montante de $ 18.600,00 no final de quatro meses. Determine as rentabilidades mensais dessa aplicação financeira, no regime de juros simples.

Exercício 41

Determine a taxa anual de juros simples que, aplicada durante 15 meses, produz um total de juros igual a 24% do valor do principal.

Exercício 42

Teresa aplicou $ 60.000,00 a uma taxa de 4% ao mês e $ 70.000,00 a uma taxa igual a 60% ao ano. Em quanto tempo a diferença entre os dois valores das aplicações alcançará $ 20.000,00?

3.4 Operações de desconto

Ao contrair uma dívida a ser paga no futuro é comum o devedor oferecer ao credor um título que comprove esta operação. De posse deste título, empregado para formalizar um compromisso que não será liquidado imediatamente, mas dentro de um prazo previamente estipulado, o credor poderá negociar com uma instituição financeira o resgate antecipado deste título. Os títulos de crédito podem ser de diferentes tipos:

- **nota promissória:** pode ser usada entre pessoas físicas ou entre pessoas físicas e instituições financeiras. Consiste em título de crédito que corresponde a uma promessa de pagamento, no qual vão especificados: valor nominal e quantia a ser paga (que é a dívida inicial acrescida dos juros); data de vencimento do título (em que a dívida deve ser paga); nome e assinatura do devedor; nome do credor e da pessoa que deverá receber a importância a ser paga;
- **duplicata mercantil:** é usada por pessoa jurídica contra um cliente (que pode ser pessoa física ou jurídica) para o qual vendeu mercadorias a prazo, ou prestou serviços a serem pagos no futuro (segundo contrato). Na duplicata devem constar o aceite do cliente; o valor nominal; a data de vencimento; o nome de quem deverá pagar e o nome da pessoa a quem deverá pagar. Uma duplicata só é legal se for feita tendo por base a Nota Fiscal;
- **letra de câmbio:** é um título ao portador, emitido por uma financeira em operações de crédito direto para pessoas físicas ou jurídicas. Uma Letra de Câmbio tem especificados: valor de resgate (valor nominal acrescido de juros), data de vencimento do título e quem deve pagar;
- **cheque pré-datado:** embora não caracterizado pela legislação, tem sido cada vez mais empregado em operações comerciais em função da facili-

dade operacional do uso. De forma similar à Letra de Câmbio, o cheque pré-datado deve ter especificado: o valor nominal, a data programada para o depósito e o emitente (quem deve pagar).

As operações de desconto representam a antecipação do recebimento (ou pagamento) de valores futuros, representados por títulos. Como, obviamente, o dinheiro tem um custo associado ao tempo, para antecipar um valor futuro deve-se deduzir o custo de oportunidade, aplicando um desconto. Assim, o valor futuro torna-se igual ao valor presente mais o desconto.

A figura seguinte ilustra, sob a óptica do cliente bancário, o desconto de um título com valor nominal igual a \$ 5.600,00 dez períodos antes de seu vencimento e mediante a aplicação de um desconto no valor de \$ 800,00.

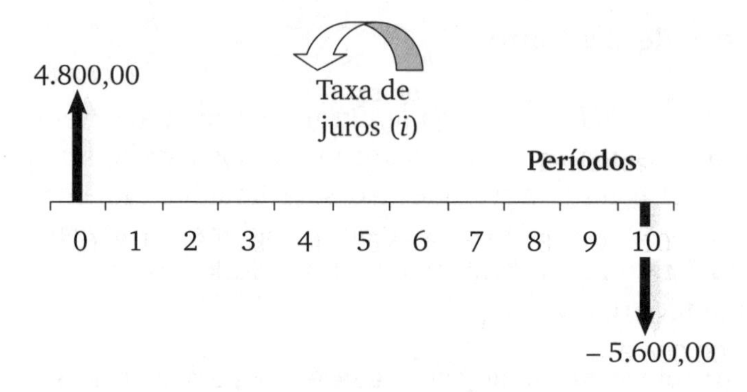

Figura 3.2 *Diagrama de fluxo de caixa de operação de desconto.*

Note que o desconto representa os juros associados à operação. Porém, o conceito de juros está associado a operações de capitalização (levar do presente para o futuro), enquanto o desconto costuma referir-se a operações de descapitalização (ou operações de desconto, trazer do futuro para o presente).

Algebricamente, o valor presente ou líquido, o valor futuro ou nominal e o desconto podem ser representados por meio da seguinte equação:

$$VP = VF - D \text{ ou } D = VF - VP$$

Onde:

VP = valor presente

VF = valor futuro

D = desconto

Nas operações de desconto é comum o emprego de uma nomenclatura um pouco diferenciada. Por exemplo, no lugar de valor futuro é comum empregar a terminologia Valor Nominal. Ao invés de valor presente, é comum usar a expressar *Valor Líquido* (ou *Valor Recebido*).

As operações de desconto podem ser de dois tipos: racional (desconto também denominado por dentro, onde a taxa de juros incide sobre o valor presente) ou comercial (desconto também denominado por fora, onde a taxa de juros incide sobre o valor futuro).

3.5 Desconto racional com juros simples

No regime de capitalização simples, a taxa de juros sempre incide sobre o valor aplicado inicialmente. Neste regime, as operações de desconto racional, ou por dentro, representam a aplicação direta da fórmula de capitalização dos juros simples, objetivando encontrar o valor presente.

Da fórmula dos juros simples para a obtenção do valor presente, obtém-se:

$$VP = \frac{VF}{(1 + i \cdot n)}$$

Assim, o desconto pode ser apresentado como:

$$D = VF - VP = VF - \frac{VF}{(1 + i \cdot n)}$$

Note que nas operações de desconto racional a taxa incide sobre o **valor presente** da operação. Dessa forma, o desconto racional também é denominado **desconto por dentro**.

Alguns exemplos com cálculos de desconto racional podem ser vistos a seguir.

Exemplo 9. Um título no valor nominal de $ 500,00, com vencimento programado para daqui a 3 meses, foi descontado hoje. Sabendo-se que foi aplicado desconto racional no regime de capitalização simples, a uma taxa de 4,5% a.m., pede-se obter o desconto e o valor líquido recebido.

Solução: aplicando as fórmulas algébricas:

$$VL = VP = \frac{VF}{(1 + i \cdot n)} = \frac{500}{(1 + 0{,}045 \cdot 3)} = 440{,}53$$

Como o desconto resulta da diferença entre os valores futuro e presente:

$$D = VF - VP = 500 - 440{,}53 = 59{,}47$$

Na HP12C, o cálculo do valor presente pode ser feito mediante o emprego das funções algébricas: 500 [ENTER] 0,045 [ENTER] 3 [x] 1 [+] [/] Visor => 440,5286. O desconto é igual à diferença em relação ao valor futuro, na seqüência: 440,5286 [CHS] 500 [+] Visor => 59,4724.

As respostas seriam $ 59,47 e $ 440,53. O valor líquido, no desconto racional, corresponde ao valor presente.

Cálculo das taxas efetivas em operações de desconto: a taxa da operação de desconto racional ou por dentro é denominada de taxa efetiva, que, como o próprio nome diz, remunera efetivamente uma operação de desconto. Taxa efetiva é aquela que incide sobre o valor presente no processo de capitalização.

Exemplo 10. Uma nota promissória com valor nominal igual a $ 7.200,00 e com vencimento programado para daqui a oito meses e meio foi descontada hoje no banco. Sabendo-se que o desconto sofrido foi igual a $ 480,00, pede-se obter a taxa mensal efetiva da operação.

***Solução*:** aplicando a álgebra:

$$D = VF - \frac{VF}{(1 + i \cdot n)} \text{ ou } 480 = 7200 - \frac{7200}{(1 + i \cdot 8{,}5)}, \text{ resolvendo a equação: } i = 0{,}00840336$$

Na HP12C: 7200 [ENTER] 6720 [/] 1 [–] 8,5 [/] Visor => 0,0084. A resposta indica uma taxa igual a 0,84% a.m. Se o desconto foi igual a $ 480,00, o valor líquido seria igual a $ 6.720,00.

3.6 Equivalência de capitais

Uma das mais importantes regras da matemática financeira diz que dinheiros podem ser somados ou subtraídos apenas em uma mesma data. Assim, para poder somar ou subtrair fluxos de caixa em datas diferentes, é preciso capitalizá-los ou descapitalizá-los para uma mesma data, denominada data focal. Dois fluxos são ditos equivalentes quando apresentam uma mesma soma em uma mesma data focal. É preciso estar atento ao regime de capitalização empregado. A depender do contexto, pode-se usar o regime de capitalização simples, o composto ou mesmo as operações de desconto comercial. Observe o exemplo apresentado a seguir.

Uma pessoa possui um financiamento (taxa de juros simples de 10% a.m.). O valor total dos pagamentos a serem efetuados, juros mais principal, é de $ 1.400,00. As condições contratuais prevêem que o pagamento deste financiamento será efetuado em duas parcelas. A primeira parcela, no valor de 70% do total de pagamentos, será paga ao final do quarto mês, e a segunda parcela, no valor de 30% do total dos pagamentos, será paga ao final do décimo primeiro mês. Qual o valor financiado?

Pelo conceito de equivalência, é preciso somar os fluxos de caixa, capitalizados ou descapitalizados para uma mesma data focal. Assim, seria preciso trazer os dois capitais para a data focal zero.

O enunciado fala que a primeira parcela, no valor de 70% do total de pagamentos, será paga ao final do quarto mês. Logo, ao final do quarto mês será pago o valor de 70% × 1400 = $ 980,00.

A segunda parcela, no valor de 30% do total dos pagamentos, será paga ao final do 11º mês. Logo, ao final do 11º mês será pago o valor de 30% × 1400 = $ 420,00.

O diagrama de fluxo de caixa da operação está apresentado a seguir. O valor financiado está representado por *X*.

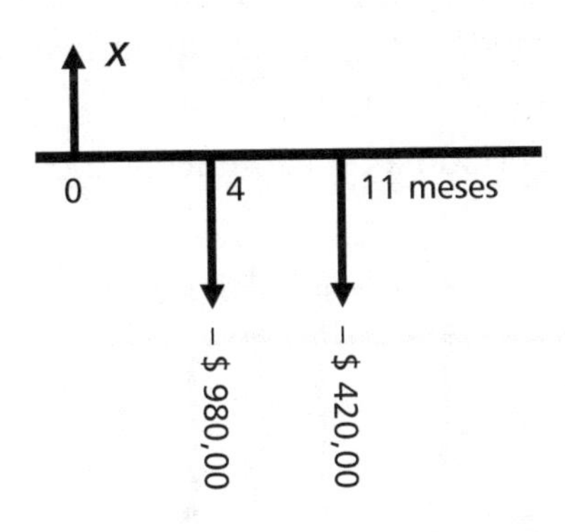

Para obter o valor de *X* é preciso descapitalizar os dois capitais iguais a $ 980,00 e $ 420,00, respectivamente, dos meses 4 e 11 para a data zero. O valor de *X* é igual à soma dos dois capitais na data zero. Descapitalizando os dois valores, tem-se:

Valor presente de $ 980,00

$VP = VF \div (1 + in) = 980 \div (1 + 0{,}10 .\ 4) = \$\ 700{,}00$

Valor presente de $ 420,00

VP = VF ÷ (1 + *in*) = 420 ÷ (1 + 0,10. 11) = $ 200,00

O processo de descapitalização está representado no DFC a seguir.

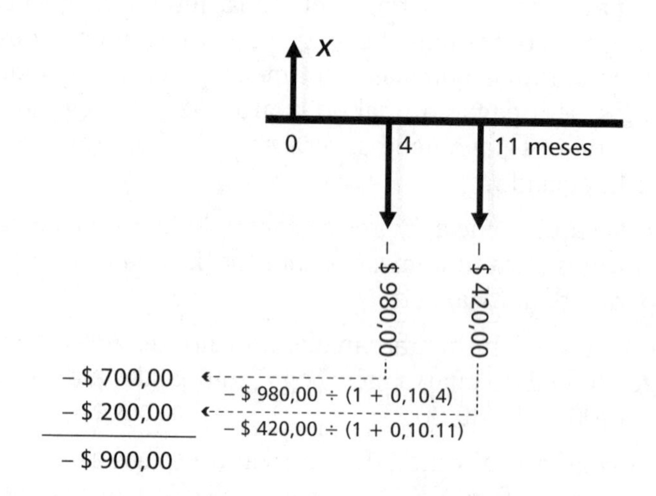

A soma dos dois fluxos de caixa descapitalizados para a data zero é igual a 700 + 200 = $ 900,00 (desprezando os sinais).

Em outro exemplo, a uma taxa de 25% ao período, uma quantia de $ 100,00 no fim do período *t* mais uma quantia de $ 200,00 no fim do período *t* + 2 são equivalentes, no fim do período *t* + 1, a uma quantia de quanto?

Neste caso, é preciso obter o capital equivalente na data *t* + 1. Para isso é preciso capitalizar 100 por 1 período e descapitalizar 200 por um período.

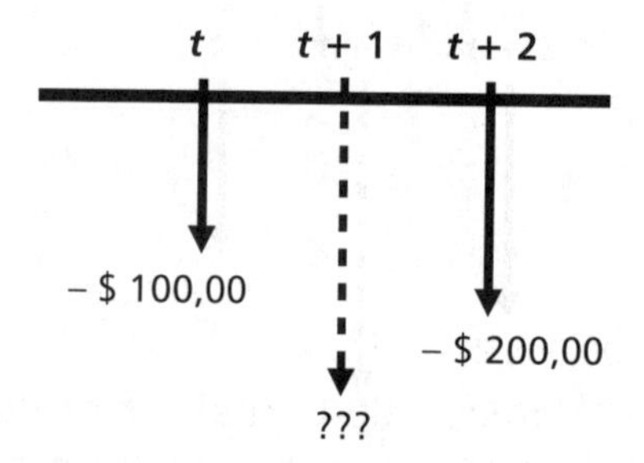

Capitalizando 100:

$VF = VP \cdot (1 + i)^n = 100 \cdot (1 + 0{,}25)^1 = 125$

Descapitalizando 200:

$VP = VF \div (1 + i)^n = 200 \div (1 + 0{,}25)^1 = 160$

O capital equivalente é a soma dos dois: 125 + 160 = $ 285,00.

Em outro exemplo, para verificar se os fluxos de caixa denominados alfa e gama apresentados na tabela seguinte são equivalentes mediante o desconto racional simples a uma taxa igual a 3% ao mês na data focal zero, bastaria calcular o valor presente de cada um dos valores nominais apresentados somando-os posteriormente. Caso as somas sejam iguais, pode-se dizer que os fluxos são equivalentes.

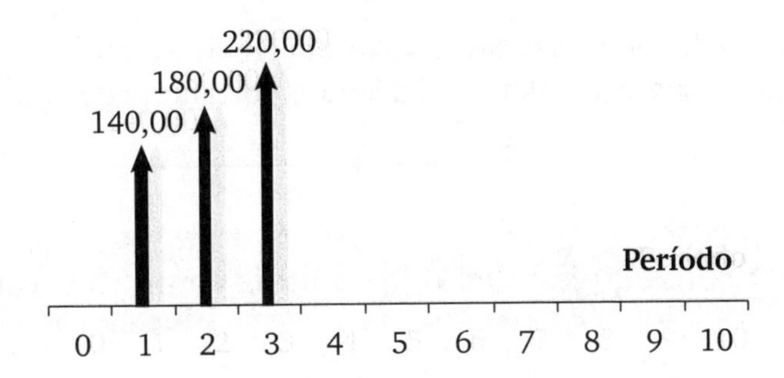

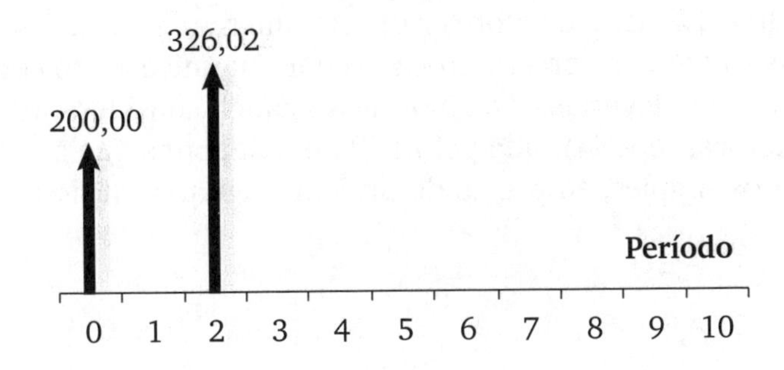

As somas dos valores presentes dos fluxos de caixa podem ser vistas na tabela seguinte.

Período	Alfa		Gama	
	VF	VP	VF	VP
0		–	200,00	200,00
1	140,00	135,92		–
2	180,00	169,81	326,02	307,57
3	220,00	201,83		–
Soma		**507,57**		**507,57**

Já que as somas de cada fluxo de caixa foram iguais a $ 507,57, pode-se dizer que ambos os fluxos são equivalentes, havendo, portanto, equivalência de capitais na data focal.

Exercícios com equivalência de capitais com juros simples

Exercício 43

Uma instituição financeira possui dois títulos do Tesouro, com vencimentos previstos para 30 e 120 dias e valores respectivamente iguais a $ 40.000,00 e $ 100.000,00. Caso a empresa precise trocá-los por um único título com vencimento para 150 dias, qual deveria ser o valor desse papel, considerando fluxos equivalentes na data focal representada pelo 150º dia. Suponha que o mercado opere no regime de juros simples, empregando uma taxa igual a 4% ao mês.

Exercício 44

Ao financiar a compra de seu apartamento no valor de $ 180.000,00, Luiz pagou uma entrada de $ 50.000,00, uma parcela de $ 60.000,00 após seis meses e outra parcela com valor *Y* após 14 meses. Sabendo que lhe foi cobrada uma taxa de 2,8% a.m. no regime de juros simples, calcule o valor *Y* da última parcela. Suponha que os fluxos sejam equivalentes na data focal representada pelo 14º mês.

Exercício 45

Claúdio deseja financiar a compra de um *home theather* no valor de $ 3.000,00, em uma entrada mais três prestações mensais de $ 1.000,00. Sabendo que lhe será cobrada uma taxa de 1,8% a.m. no regime de juros simples, calcule o valor da entrada. Aplique o conceito de equivalência de capitais na data focal zero.

Exercício 46

Uma empresa comercial, para efetuar o pagamento de suas encomendas, deve dispor de $ 5.000,00 daqui a 3 meses e $ 6.000,00 daqui a 6 meses. Para tanto, deseja aplicar hoje uma quantia *X* que lhe permita retirar as quantias necessárias nas datas devidas, ficando sem saldo no final. Se a aplicação for feita a juro simples, à taxa de 3,5% ao mês, qual deverá ser o valor de *X*?

3.7 Proporcionalidade de taxas de juros

Pelo critério de proporcionalidade de taxas de juros diz-se que duas taxas de juros i_1 e i_2, referidas a períodos diferentes no regime de capitalização ou dos juros simples, são proporcionais quando resultam no mesmo montante, ou juro, no fim do prazo da operação, tendo incidido sobre o mesmo principal.

Assim:

$$VF_a = VP_a\,(1+i_a.n_a) \text{ e } VF_b = VP_b\,(1+i_b.n_b)$$

Como os valores futuros VF_a e VF_b são iguais, os valores presentes VP_a e VP_b também são iguais. Assim:

$$(1 + i_a.n_a) = (1 + i_b.n_b) \text{ ou } i_a.n_a = i_b.n_b$$

Note que os parâmetros i_a e n_a, da mesma forma que i_b e n_b, devem estar na mesma base. Para expressar a fórmula de proporcionalidade, bastaria operar algebricamente a expressão anterior.

$$i_a = i_b.(n_b/n_a)$$

Por exemplo, para achar a taxa mensal proporcional à taxa anual igual a 18% a.a., basta aplicar a fórmula: $i_a = i_b.(n_b/n_a) = 0{,}18 \text{ x } (1/12) = 0{,}015 = 1{,}5\%$ a.m.

Exercícios com taxas proporcionais

Exercício 47

Determine as taxas semestral e anual proporcionais à taxa de juros simples de 3% ao mês.

Exercício 48

Calcule a taxa mensal proporcional de juros de: (a) 90% ao semestre; (b) 220,8% ao ano; (c) 96% ao biênio.

Exercício 49

Determine a taxa de juros simples anual proporcional às seguintes taxas: (a) 2,5% ao mês; (b) 56% ao quadrimestre; (c) 32,5% para 5 meses.

Exercício 50

O Banco Molim Molim opera no regime de juros simples. Sabe-se que, para operações com prazos de 180 dias, a instituição cobra uma taxa de 72% a.p. Calcule a taxa proporcional mensal dessa operação.

Exercício 51

José Augusto planeja aplicar seus recursos por 1 ano, recebendo 25% a título de juros. Qual a taxa proporcional semestral dessa operação?

Exercício 52

Duas instituições financeiras oferecem empréstimos a taxas de juros simples proporcionais. Se a taxa da instituição A é de 18% ao trimestre, qual a taxa proporcional mensal da instituição B?

4

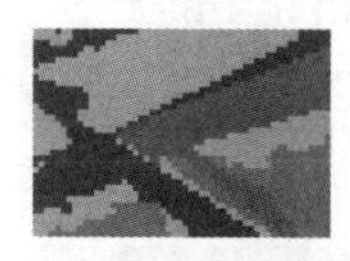

Desconto Comercial e Bancário

"Conselho é aquilo que a gente pede quando já sabe a solução, mas preferia não saber."
Erica Jong

4.1 Objetivos do capítulo

Uma forma alternativa de cálculos com o valor do dinheiro no tempo pode ser apresentada através das operações de desconto comercial ou bancário. Nessas situações, os juros são calculados sobre o valor futuro.

Este capítulo possui o propósito de apresentar as operações de desconto comercial ou bancário, também denominadas de operações de desconto "por fora".

4.2 Para "simplificar" o mecanismo do desconto

As operações de desconto comercial ou de desconto bancário consistem em uma forma diferenciada da aplicação de juros simples. Em ambas as modalidades, a taxa de juros incide sobre o valor futuro ou nominal da operação. Com a incidência do cálculo do desconto ou juro sobre o valor futuro, também representado como o valor "por fora" no fluxo de caixa, existe majoração dos valores. Logo, a taxa efetiva – que incide sobre o valor presente – sempre será superior à taxa de desconto – que incide sobre o valor futuro.

De modo geral, o desconto comercial é aquele valor que se obtém pelo cálculo do juro simples sobre o valor nominal do compromisso que será saldado n períodos antes de seu vencimento acrescido de uma taxa prefixada cobrada sobre o valor nominal. Ou seja, a incidência da taxa de desconto comercial se dá sobre o **valor futuro** da operação.

A razão de sua existência consiste na simplificação da operação de desconto. Para saber o valor do desconto, basta multiplicar a taxa pelo valor nominal (ou valor futuro) e pelo prazo da antecipação. Porém, essa simplificação provoca, sempre, majoração da taxa efetiva da operação em relação à taxa de desconto.

Observação importante: a taxa efetiva de uma operação de desconto comercial será sempre superior à taxa de desconto comercial divulgada em função de esta última incidir sobre o valor futuro ou nominal da operação.

Entendendo as fórmulas do desconto

A expressão algébrica do desconto pode ser vista a seguir:

$$D = VF.i_d.n$$

Onde:

VF = valor futuro

i_d = taxa de desconto comercial ou por fora

n = número de períodos de capitalização (ou de desconto)

Assim, o valor líquido (ou valor presente) poderá ser expresso como:

$$VP = VF - D = VF - VF.i_d.n$$

Colocando o valor futuro (VF) em evidência:

$$VP = VF(1 - i_d \cdot n)$$

4.3 Cálculos e fórmulas com desconto comercial

Operando algebricamente a fórmula básica de cálculo do valor presente nas operações de desconto comercial, é possível apresentar outros cálculos e fórmulas deduzidos.

Cálculo do valor futuro: basta dividir o valor presente por $(1 - in)$. Algebricamente:

$$VF = \frac{VP}{(1 - i_d \cdot n)}$$

***Cálculo da taxa de juros*:** basta isolá-la na fórmula básica. Algebricamente:

$$i_d = \frac{\left(1 - \frac{VP}{VF}\right)}{n}$$

Cálculo do número de períodos: de forma similar, operações algébricas permitem isolar seu valor.

$$n = \frac{\left(1 - \frac{VP}{VF}\right)}{i_d}$$

Alguns exemplos com o uso das fórmulas empregadas em operações com desconto comercial podem ser vistos a seguir.

Exemplo 11. Sabe-se que o valor líquido resultante do desconto de uma duplicata três meses antes do prazo a uma taxa de desconto comercial igual a 5% a.m. foi igual a $ 51.000,00. Pede-se encontrar o valor nominal do papel.

***Solução*:** basta aplicar, diretamente, a fórmula para se obter o valor nominal:

$$VF = \frac{VP}{(1 - i_d \cdot n)} = \frac{51000}{(1 - 0{,}05 \cdot 3)} = \$\ 60.000{,}00$$

Exemplo 12. Um título com valor nominal igual a $ 90.000,00 foi descontado dois meses antes de seu vencimento. O desconto aplicado foi igual a $ 7.200,00. Pede-se encontrar a taxa de desconto mensal vigente na operação.

***Solução*:** se o desconto foi igual a $ 7.200,00, o valor líquido ou presente é igual a $ 82.800,00. Para encontrar a taxa, basta aplicar a fórmula:

$$i_d = \frac{\left(1 - \frac{VP}{VF}\right)}{n} = \frac{\left(1 - \frac{82800}{90000}\right)}{2} = 0{,}0400 \text{ ou } 4{,}00\ \%\ \text{a.m.}$$

Exemplo 13. A aplicação de uma taxa de desconto igual a 4% a.m. resultou na obtenção de um valor líquido igual a 10.560,00, conseqüência do desconto de um título no valor nominal de 12.000,00. Pede-se obter a duração da operação em meses.

***Solução*:** substituindo os valores na fórmula:

$$n = \frac{\left(1 - \frac{VP}{VF}\right)}{i_d} = \frac{\left(1 - \frac{10560}{12000}\right)}{0{,}04} = 3{,}0000 \text{ meses}$$

Taxas efetivas em operações de desconto comercial

A incidência dos juros sobre o valor futuro simplifica os cálculos nas operações de desconto comercial. Porém, esse mecanismo de incidência sobre um maior valor futuro provoca o fato da existência de uma maior taxa efetiva simples, aquela que incide de fato sobre o valor presente, considerando o regime de juros simples.

Para ilustrar, considere o exemplo de um título $ 1.000,00 com vencimento em cinco meses, descontado a uma taxa de desconto por fora igual a 4% a.m.

O valor do desconto é igual a $D = VF.i_d.n$. Substituindo os valores, tem-se que $D = 1.000 \times 0{,}04 \times 5 = \$ 200{,}00$. Assim, o valor presente é igual a $VP = VF - D = 1.000 - 200 = \$ 800{,}00$. O diagrama de fluxo dessa operação pode ser visto na Figura 4.1.

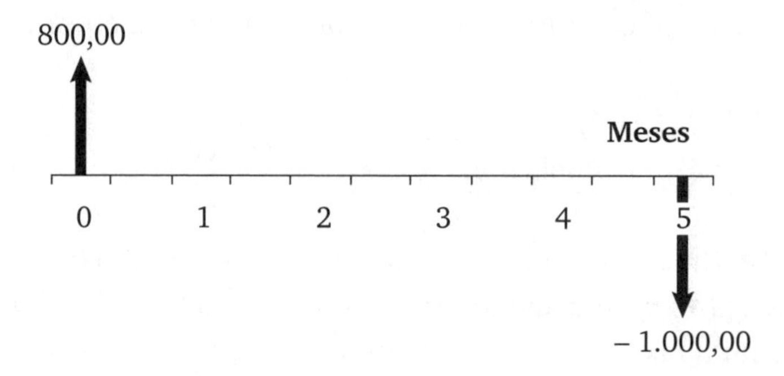

Figura 4.1 *Diagrama de fluxo de caixa da operação de desconto.*

A taxa efetiva simples pode ser obtida a partir do diagrama de fluxo de caixa. Para obtê-la, bastaria usar a fórmula de capitalização simples, $VF = VP (1 + i.n)$. Substituindo os valores, tem-se que $1.000 = 800 (1 + i.5)$ ou que $i = 0{,}05$ ou 5% a.m. Ou seja, para uma taxa de desconto por fora, incidente sobre o valor futuro e igual a 4 a.m., tem-se uma taxa efetiva de capitalização simples, incidente sobre o valor presente, igual a 5% a.m. A taxa efetiva simples é maior que a taxa de desconto comercial.

Operações de desconto na HP12C

A calculadora HP12C não dispõe de recursos específicos para cálculos financeiros de operações de desconto comercial. Nessas situações, devem-se utilizar os recursos algébricos da calculadora.

Exemplo 14. O valor líquido resultante do desconto de uma duplicata dois meses antes do prazo a uma taxa de desconto comercial igual a 3% a.m. foi igual a $ 22.560,00. Pede-se encontrar o valor nominal do papel.

Solução na HP12C: 22560 [ENTER] 1 [ENTER] 0,03 [ENTER] 2 [x] [–] [/] Visor => 24.000,0000.

Exemplo 15. Um título com valor nominal igual a $ 82.000,00 foi descontado três meses antes de seu vencimento. O desconto aplicado foi igual a $ 9.840,00. Pede-se encontrar a taxa de desconto mensal vigente na operação.

Solução na HP12C: se o desconto foi igual a $ 9.840,00, o valor líquido ou presente é igual a $ 72.160,00. Para encontrar a taxa, basta empregar as funções algébricas da HP12C: 1 [ENTER] 72160 [ENTER] 82000 [/] [–] 3 [/] Visor => 0,0400. Ou seja, a taxa de desconto é igual a 4% a.m.

Exemplo 16. A aplicação de uma taxa de desconto igual a 2% a.m. resultou na obtenção de um valor líquido igual a $ 94.080,00, conseqüência do desconto de um título no valor nominal de $ 96.000,00. Pede-se obter a duração da operação em meses.

Solução na HP12C: usando as funções algébricas da máquina: 1 [ENTER] 94080 [ENTER] 96000 [/] [–] 0,02 [/] Visor => 1,0000. O prazo de desconto foi igual a um mês.

Exercícios com desconto comercial

Exercício 53

Sabendo-se que o Banco Comercial cobra uma taxa de desconto por fora igual a 4% a.m., calcule o valor do desconto e o valor líquido de uma operação com as seguintes características: prazo igual a 38 dias, valor nominal igual a $ 3.400,00.

Exercício 54

Um título de $ 48.000,00 é liquidado 56 dias antes de seu vencimento, com uma taxa de desconto comercial de 5,62% a.m. Determine o valor a ser descontado do título e a taxa anual de desconto racional, assumindo regime de juros simples e ano com 360 dias.

Exercício 55

A Corporação do Limão Azedo descontou um título no valor de $ 31.000,00, 58 dias antes do vencimento mediante a aplicação de uma taxa de desconto comercial igual a 2% a.m. Qual o valor do desconto sofrido pelo título?

Exercício 56

Uma nota promissória no valor de $ 42.000,00 foi descontada três meses antes do vencimento. Sabendo que a instituição aplicou uma taxa de desconto comercial igual a 22% a.a., calcule o valor líquido da operação.

Exercício 57

Um título no valor de $ 80.000,00 sofreu um desconto no valor de $ 400,00 em uma operação de desconto comercial 50 dias antes do prazo. Qual a taxa mensal de desconto por fora aplicada na operação?

Exercício 58

As Lojas Belezura Ltda. obtiveram um valor líquido igual a $ 72.400,00 resultante do desconto de um título no valor de $ 80.000,00. Se a taxa de desconto por fora foi igual a 3% ao mês, qual o prazo da operação em dias?

Exercício 59

Uma nota promissória no valor de $ 16.000,00 foi descontada 156 dias antes do prazo mediante uma taxa de desconto por fora igual a 1,8% a.m. Pede-se calcular: (a) o valor do desconto; (b) o valor líquido; (c) a taxa efetiva mensal no regime dos juros simples.

Exercício 60

O Banco Amigo da Onça aplica uma taxa de desconto comercial igual a 2,5% a.m. para operações com prazos iguais a quatro meses. Qual a taxa de juros efetiva cobrada pelo banco, considerando o regime dos juros simples?

Exercício 61

Calcule o desconto comercial ao se descontar 3 meses antes do vencimento uma nota promissória com valor de face de $ 3.400,00 se a taxa corrente de desconto simples for igual a 3,0% a.m.

Exercício 62

A Corporação Azul do Mar descontou no Banco Dourado uma duplicata vencível daqui a 62 dias. Sabendo-se que o valor do título é $ 65.800,00 e que a taxa praticada pela instituição financeira é 6,80% ao mês, descontada por fora, pede-se encontrar o valor, em reais, que a empresa obteve na operação.

Exercício 63

O Banco Sueco opera com juros simples e desconta uma promissória por $ 50.000,00, aplicando uma taxa de desconto comercial de 28% ao ano. Sabendo-se que o prazo de vencimento da promissória é de cinco meses, determine a taxa anual de desconto racional dessa operação. Considere o regime de capitalização simples.

Exercício 64

Pedro possui uma nota promissória cujo valor de face é $ 120.000,00. Esta nota vence em 3 meses. O banco com o qual ele normalmente opera, além da taxa normal de desconto mensal (simples por fora), também fará uma retenção de 8% do valor de face da duplicata, a título de saldo médio, permanecendo bloqueado em sua conta este valor desde a data do desconto até a data do vencimento da duplicata. Caso ele desconte a duplicata no banco, poderá sacar líquidos, hoje, $ 60.000,00. Pede-se calcular: (a) taxa mensal de desconto comercial que mais se aproxima da taxa praticada por esse banco; (b) a taxa efetiva da operação.

Exercício 65

O valor de resgate de um título, em seu vencimento, é igual a 115 vezes o valor de seu desconto racional com uma taxa de 25% ao ano. Determine o prazo em dias dessa operação de desconto racional, no regime de juros simples, assumindo ano com 360 dias.

Exercício 66

Em uma operação de desconto com prazo de três meses, o valor presente de um título é igual a 87% de seu valor de resgate. Determine a taxa anual de desconto racional dessa operação, no regime de juros simples.

Exercício 67

Cinco títulos com o mesmo valor nominal de $ 40.000,00 têm vencimentos para 30, 60, 90, 120 e 150 dias e são descontados de acordo com o conceito de desconto comercial ou bancário, no regime de juros simples. Determine a taxa anual de desconto comercial que deve ser aplicada nesses títulos para que o valor presente dessa operação seja igual a $ 180.000,00, assumindo ano com 360 dias.

O desconto bancário

Uma variação das operações de desconto comercial pode ser representada pelo desconto bancário. As operações de desconto bancário são similares às operações de desconto comercial, porém, no caso do desconto bancário, existe a cobrança de uma taxa na operação, que comumente inclui o Imposto sobre Operações Financeiras (IOF), o que alteraria levemente a expressão anterior.

De modo geral, o desconto bancário será igual ao desconto comercial mais uma taxa prefixada incidente sobre o valor nominal. Algebricamente, pode ser apresentado da seguinte forma:

$$D_B = D_C + t.VF$$

Onde:
t = taxa prefixada
D_B = desconto bancário
D_C = desconto comercial

O valor presente ou valor líquido da operação de desconto bancário pode ser calculado mediante a aplicação da seguinte fórmula:

$$VP = VF - D = VF - VF.i_d.n - t.VF = VF.(1 - i_d.n - t)$$

Embora exista a cobrança de taxa incidente sobre o valor nominal, na prática, a expressão *desconto bancário* é empregada como sinônimo de *desconto comercial*. De modo geral, este livro não distingue as expressões. O desconto comercial e o desconto bancário são tratados como sinônimos e a taxa incidente sobre o valor nominal é, na maior parte das vezes, desprezada.

Exercícios com desconto bancário

Exercício 68

A Cia. Náufragos do Deserto S.A. possui em seu grupo de contas a receber um cheque pré-datado no valor de $ 3.000,00 cuja data de depósito está programada para daqui a três meses. Sabendo que a empresa pensa em descontar este título em um banco que cobra uma taxa de desconto por fora de 2% a.m. mais uma taxa operacional igual a 1% do valor nominal, calcule o desconto sofrido pelo título.

Exercício 69

O Banco Bom da Praça costuma realizar operações de desconto de notas promissórias mediante a aplicação de uma taxa simples de desconto por fora igual a 3% ao mês. Além disso, cobra a título de IOF uma taxa igual a 0,2% sobre o valor nominal. Qual será o valor líquido recebido após desconto de um título com valor nominal igual a $ 40.000,00 e vencimento em 50 dias?

Exercício 70

A Fábrica de Perucas Longas Tranças do Careca descontou um título com valor nominal igual a \$ 60.000,00 dois meses antes de seu vencimento mediante uma taxa de desconto por fora igual a 4% ao mês e um percentual sobre o valor de face igual a 1%. Qual a taxa efetiva que incidiu sobre o valor líquido recebido pela empresa?

Exercício 71

Manuela verificou que o desconto bancário de um título com valor nominal igual a \$ 40.000,00 rendeu, líquidos, \$ 32.800,00. Se a taxa de desconto por fora foi igual a 4% e o prazo da operação foi igual a 4 meses, estime a taxa percentual incidente sobre o valor nominal da operação.

PARA AUMENTAR O CONHECIMENTO ...

EXCEL APLICADO À GESTÃO EMPRESARIAL. Adriano Leal Bruni e Roberto Brazileiro Paixão

O livro *Excel aplicado à gestão empresarial* apresenta os principais recursos da planilha úteis ao processo de gestão empresarial, incluindo as ferramentas e funções financeiras. Para saber mais sobre o livro, visite **www.EditoraAtlas.com.br** ou **www.MinhasAulas.com.br**.

5

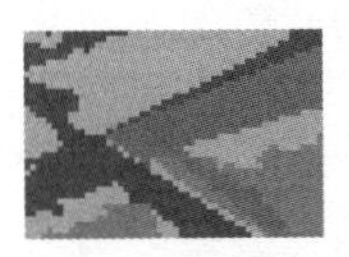

Juros Compostos

"Investir em conhecimento rende sempre os melhores juros."

Benjamin Franklin

5.1 Objetivos do capítulo

No mundo real, a maior parte das operações que envolvem o valor do dinheiro no tempo costuma calcular juros incidentes sobre montantes obtidos em períodos imediatamente anteriores. A forma de capitalização em situações em que ocorrem incidências de "juros sobre juros" recebe a denominação de regime de capitalização composta, ou, de forma resumida, regime dos juros compostos.

Este capítulo possui o objetivo de ilustrar o mecanismo dos juros compostos. Para facilitar a compreensão, diversos problemas estão apresentados e resolvidos.

5.2 Juros sobre juros

No regime de capitalização composta ou, simplesmente, regime de juros compostos, a incidência de juros ocorre sempre de forma cumulativa. A taxa de juros incidirá **sobre o montante acumulado** no final do período anterior. Ou seja, existirá o mecanismo da incidência dos "juros sobre juros".

Por exemplo, em uma operação de empréstimo de $ 100,00 por três meses, a uma taxa de 60% a.m., os juros de cada período incidirão sempre sobre o montante do final do período anterior. Assim, a composição dos valores futuros, mediante o emprego de juros simples e compostos, pode ser vista na Tabela 5.1.

Tabela 5.1 *Capitalizações simples e composta.*

N	Valor Futuro	
	Simples	Composto
0	100,00	100,00
0,1	106,00	104,81
0,5	130,00	126,49
0,8	148,00	145,65
1	160,00	160,00
2	220,00	256,00
3	280,00	409,60

O valor futuro calculado no regime de capitalização composta supera aquele obtido no regime de capitalização simples para períodos superiores à unidade. Para períodos menores que 1, o valor futuro, calculado mediante o emprego de juros simples, é maior. Veja a Figura 5.1.

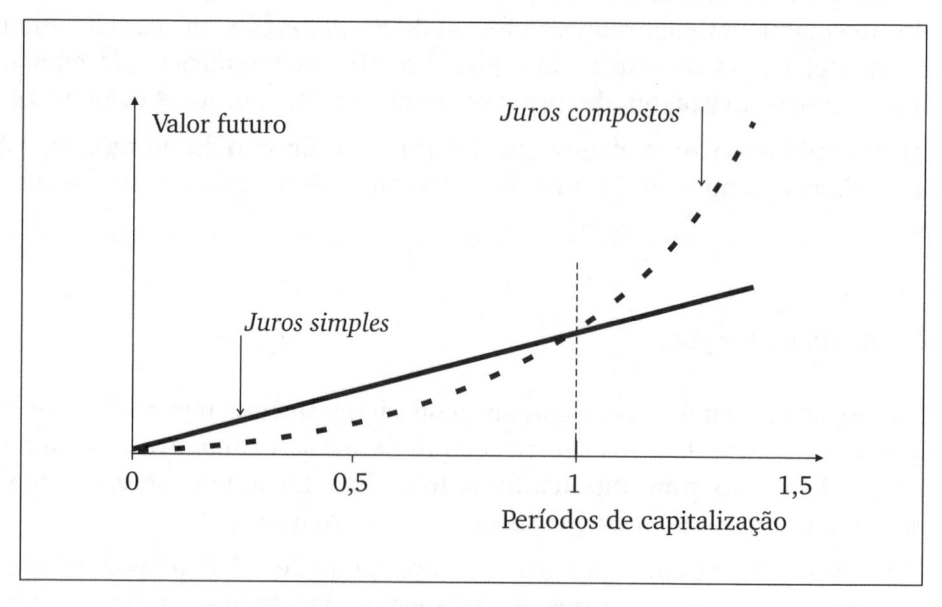

Figura 5.1 *Evolução do valor futuro.*

Note que a forma de capitalização da taxa de juros no regime de capitalização composta impede quaisquer operações de multiplicação ou divisão de taxas de juros. Para tornar compatíveis taxas e prazos, converta sempre os prazos para a mesma base das taxas fornecidas. Evite, mais uma vez, converter taxas.

Genericamente, a equação de capitalização de juros compostos pode ser apresentada da seguinte maneira:

$$VF = VP\,(1 + i)^n$$

É importante observar que há algum tempo, quando não existia a fácil disponibilidade de calculadoras financeiras ou planilhas eletrônicas, ou em textos destinados ao treinamento para concursos públicos – em que o uso de recursos como calculadoras ou planilhas eletrônicas é proibido –, os cálculos baseavam-se em tabelas que apresentavam o fator de acumulação de capital onde:

$$\text{Fator} = (1 + i)^n$$

Uma relação de tabelas com fatores de acumulação de capital, ou aplicáveis a séries compostas, pode ser vista no *site* do livro <www.MinhasAulas.com.br>.

Por exemplo, para uma taxa de juros igual a 14% e 20 períodos de capitalização, o valor do fator de acumulação ***a*** é igual a **13,743**.

Assim, para capitalizar, por exemplo, $ 800,00 por 20 anos a uma taxa igual a 14% a.a., bastaria multiplicar $ 800,00 pelo fator encontrado nos anexos, ou 800 × 13,743 = $ 10.994,40.

5.3 Cálculos e fórmulas com juros compostos

Da equação padrão da capitalização composta para o cálculo do valor futuro, é possível deduzir outras equações que permitem a obtenção direta do valor presente, da taxa ou do prazo da operação.

Cálculo do valor presente: basta dividir o valor futuro por $(1 + i)^n$. O cálculo do valor presente empregando a fórmula dos juros compostos também é denominado desconto racional composto ou desconto por dentro composto. Algebricamente:

$$VP = \frac{VF}{(1+i)^n}$$

Cálculo da taxa de juros: basta isolá-la na fórmula básica. Algebricamente:

$$i = \sqrt[n]{\frac{VF}{VP}} - 1 = \left(\frac{VF}{VP}\right)^{\frac{1}{n}} - 1$$

Cálculo do número de períodos: de forma similar, operações algébricas permitem isolar seu valor.

$$n = \frac{\log\left(\frac{VF}{VP}\right)}{\log(1+i)} \quad \text{ou} \quad n = \frac{\ln\left(\frac{VF}{VP}\right)}{\ln(1+i)}$$

Outros exemplos decorrentes do uso das fórmulas anteriores podem ser vistos a seguir.

Exemplo 17. Uma operação com juros compostos rendeu um montante igual a $ 8.400,00 após 6 meses. Sabendo-se que a taxa da operação foi igual a 2% a.m., pede-se calcular o valor presente.

Solução: basta aplicar, diretamente, a fórmula para se obter o valor presente no regime de juros compostos: $ 7.458,96.

$$VP = \frac{VF}{(1+i)^n} = \frac{8400}{(1+0{,}02)^6} = 7.458{,}96$$

Exemplo 18. Um capital inicial de $ 430,00 rendeu $ 80,00 de juros após permanecer aplicado por 4 meses. Pede-se obter a taxa de juros mensal da aplicação.

Solução: o valor futuro da operação foi igual a 430 + 80 = $ 510,00. Basta, então, aplicar a fórmula, obtendo-se 4,36% a.m.

$$i = \sqrt[n]{\frac{VF}{VP}} - 1 = \left(\frac{VF}{VP}\right)^{\frac{1}{n}} - 1 = \left(\frac{510}{430}\right)^{\frac{1}{4}} - 1 = 0{,}0436 \text{ ou } 4{,}36\% \text{ a.m.}$$

Exemplo 19. Um montante de $ 630,00 foi obtido após a aplicação de $ 570,00 a uma taxa de juros compostos igual a 3% a.m. Qual foi a duração da operação?

***Solução*:** 3,3859 meses. Para encontrar o valor, bastaria empregar a fórmula descrita anteriormente, com o auxílio de uma calculadora (para obter os valores dos logaritmos).

$$n = \frac{\log\left(\frac{630}{570}\right)}{\log(1+0{,}03)} = 3{,}3859 \text{ meses}$$

5.4 Juros compostos na HP12C

Um dos mais intensos usos da HP12C consiste no emprego de suas funções e recursos financeiros para operações com juros compostos.

Porém, antes de aprender sobre as funções financeiras da HP12C, é preciso verificar a ativação de alguns indicadores de visor (*flags*) que destacam a configuração da calculadora. Veja o Quadro 5.1.

Quadro 5.1 *Configurando convenção na HP12C.*

Flag	Ativo	Desativo	Descrição
C	[STO] [EEX]	[STO] [EEX]	Quando ativado, indica a opção de cálculo de juros Compostos nas parcelas fracionárias de períodos não inteiros (vigência da convenção linear). Quando não ativado, indica que nas parcelas fracionárias de períodos não inteiros o cálculo no regime de juros compostos **ocorrerá mediante juros simples**! Cuidado: nos EUA, que comumente apresentam baixas taxas de juros, os valores são próximos. No Brasil, com taxas de juros mais elevadas, os valores são muito diferentes!!!
BEGIN	[g] [BEG]	[g] [END]	Quando ativado, indica que a série calculada é antecipada (primeira prestação paga no ato). Quando desativado, indica cálculos com séries postecipadas, onde o pagamento da primeira prestação é diferido, sendo feito no final do primeiro período.

Como, geralmente, no Brasil usa-se a convenção exponencial – isto é, os juros são sempre calculados em sua forma composta de capitalização, mesmo nos períodos fracionários –, é preciso verificar se o indicador C está aceso no visor. Caso não esteja aceso, é preciso ativá-lo através das teclas [STO] [EEX]. Uma apresentação das convenções exponencial e linear pode ser vista mais adiante neste capítulo.

As principais funções financeiras da HP12C para operações com juros compostos são:

[n]: número de períodos da série, **aproximado para o inteiro superior**;

[i]: taxa da série (válida para séries uniformes e não uniformes);

[PV]: do inglês Present Value, valor presente da série;

[FV]: do inglês Future Value, valor futuro da série.

Para usá-las, é suficiente abastecer os demais registradores e solicitar o registrador desejado. Veja os exemplos fornecidos a seguir. Para poder empregar os registradores financeiros, é sempre conveniente limpar os registradores da HP antes das operações. Para isso, devem ser pressionadas as teclas [f] [REG] antes de quaisquer operações.

Destaca-se a importância da consideração das convenções dos sinais na HP12C. Desembolsos de caixa devem ser colocados com o sinal negativo e recebimentos com o sinal positivo. No caso da convenção dos sinais não ser respeitada e todos os parâmetros serem abastecidos com mesmo sinal, a HP12C alerta o usuário com a mensagem:

Error 5: erro em operações com juros compostos. Provavelmente, algum valor foi colocado com o sinal errado (todos os valores têm o mesmo sinal) ou os valores de i, PV e PF são tais que não existe solução para n.

Destaca-se que a HP12C sempre aproxima o cálculo do número de períodos (n) para o próximo inteiro superior. Por exemplo, se o número de períodos exatos encontrados após a resolução algébrica ou no Excel for igual a 3,11, a HP aproximará o resultado para o primeiro inteiro superior, fornecendo o resultado 4. Dessa forma, a depender da complexidade e relevância da operação, os cálculos do número de períodos (de n) devem ser conferidos algebricamente ou no Excel.

Exemplos com operações com juros compostos na HP12C

Importante: para resolver qualquer operação com juros compostos na HP12C, o usuário deve certificar-se da ativação do *flag* C. Ativa-o através das teclas [STO] [EEX].

Exemplo 1: Uma empresa aplicou $ 45.000,00 por três meses a uma taxa igual a 2% a.m. Pede-se calcular o valor do resgate.

Solução na HP12C: [f] [REG] 3 [n] 2 [i] 45000 [CHS] [PV] [FV] Visor => 47.754,36.

Exemplo 2: Sabe-se que um empréstimo contratado por 15 meses a uma taxa igual a 1% a.m. foi liquidado mediante um pagamento igual a $ 48.000,00. Pede-se encontrar o valor presente da operação.

Solução na HP12C: [f] [REG] 15 [n] 1 [i] 48000 [CHS] [FV] [PV] Visor => 41.344,7748.

Exemplo 3: Uma aplicação financeira no valor de $ 140.000,00 rendeu juros de $ 20.00,00 após dois meses. Pede-se encontrar a taxa mensal da operação.

Solução na HP12C: se os juros foram iguais a $ 20.000,00, o valor futuro foi igual a $ 160.000,00. Na calculadora: [f] [REG] 2 [n] 140000 [CHS] [PV] 160000 [FV] [g] [END] [i] Visor => 6,9045.

Exemplo 4: Sabe-se que $ 46.000,00 aplicados a uma taxa igual a 3% a.m. possibilitaram um resgate no valor de $ 53.642,80. Pede-se obter o prazo da operação em meses.

Solução na HP12C: [f] [REG] 3 [i] 46000 [CHS] [PV] 53642,7952388346 [FV] [g] [END] [n] Visor => 6. A HP aproxima o cálculo de *n* para o inteiro superior. Seu valor com quatro casas é igual a 5,2000.

As convenções linear e exponencial

Alguns cálculos que envolvem o regime de capitalização composta em períodos fracionários eram relativamente trabalhosos alguns anos atrás. Para simplificar as operações, nesses casos, costumava-se empregar a denominada convenção linear.

De acordo com a convenção linear, existe a incidência de juros compostos durante os períodos inteiros de capitalização, sendo que, posteriormente, existe a incidência de juros simples durante os períodos fracionários de capitalização.

Matematicamente, o valor futuro no regime de capitalização composta, com convenção linear, pode ser apresentado como:

$$VF = VP.(1+i)^m.\left(1+i.\frac{r}{s}\right)$$

Onde:

VF = Valor Futuro

VP = Valor Presente

m = número de períodos inteiros de capitalização

r/s = período fracionário de capitalização

Notar que $m + r/s$ é igual a n (número de períodos de capitalização).

Por outro lado, pela convenção exponencial, sempre são aplicados juros compostos, mesmo nos períodos fracionários de capitalização. Assim, prevalece a fórmula padrão de juros compostos:

$$VF = VP(1 + i)^n$$

Na HP12C a convenção exponencial é ativada e desativada pelas teclas [STO] [EEX]. Quando a convenção exponencial é ativada, aparece o ***flag*** (indicador) **C** aceso no visor.

O Excel trabalha com juros compostos sempre empregando a convenção exponencial.

5.5 Juros compostos no Excel

Um grupo especial de funções do Excel facilita as operações básicas da matemática financeira na planilha. De modo geral, as funções financeiras do Excel operam no regime dos juros compostos.[1]

[1] Uma leitura mais ampla sobre o uso de funções financeiras e aplicações diversas de finanças no Excel pode ser feita com o auxílio de outro livro do autor, intitulado *Matemática Financeira com HP12C e Excel*, publicado em março de 2002 pela Editora Atlas.

Dentre as mais usuais funções financeiras, destacam-se as apropriadas para o cálculo do valor presente, do valor futuro, da taxa e do número de períodos. Veja os exemplos seguintes.

Função VP: Esta função retorna o valor presente de um investimento, onde os fluxos de caixa são homogêneos (valores nominais iguais). Seu resultado equivale ao retornado pela função [PV] das calculadoras financeiras. Sua sintaxe é representada da seguinte forma: **VP(taxa; nper; pgto; vf; tipo)**, onde: **taxa** = taxa de juros por período (equivale à tecla [i] das calculadoras financeiras); **nper** = número total de períodos de pagamento (equivale à tecla [n] das calculadoras financeiras); **pgto** = pagamento feito a cada período, assumido como homogêneo (iguais, equivale à tecla [PMT] das calculadoras financeiras); **vf** = valor futuro, ou um saldo de caixa, que se deseja obter depois do último pagamento (se **vf** for omitido, será considerado 0 – o valor futuro de determinado empréstimo, por exemplo, é 0), equivale à tecla [FV] das calculadoras financeiras; **tipo** = representado pelo número 0 ou 1 e indica as datas de vencimento dos pagamentos. Se for igual a 0 ou omitido, o Excel assume como uma série de pagamentos postecipados (no final do período). Se for igual a 1, o Excel assume como uma série de pagamentos antecipados (no início do período). Equivale às funções [g] [BEG] e [g] [End] das calculadoras financeiras.

A tabela mostra a obtenção do valor presente de uma operação de investimento com valor futuro igual a $ 200,00, prazo igual a 5 períodos e taxa igual a 10% ao período. O valor foi obtido através do uso da função VP: $ 124,18. Notar que o Excel, de forma similar às calculadoras financeiras, também emprega as convenções dos sinais (positivo para expressar entradas de caixa e negativo para expressar saídas de caixa).

	B	C	D	E	F	G
2	VP	N	I	PMT	VF	Tipo
3	?	5	10%		200	
4	(R$124,18)	**= VP(D3;C3;;F3)**				

Função VF: Esta função calcula o valor futuro de um investimento de acordo com os pagamentos periódicos e iguais e com uma taxa de juros constante. Seu resultado equivale ao retornado pela função [FV] das calculadoras financeiras. É bastante similar à função VP apresentada anteriormente. Sua sintaxe é representada da seguinte forma: **VF(taxa; nper; pgto; vp, tipo)**, onde: **taxa** = taxa de juros por período. Equivale à tecla [i] das calculadoras financeiras; **nper** = número total de períodos de pagamento. Equivale à tecla [n] das calculadoras financeiras; **pgto** = pagamento feito a cada período e é assumido como homogêneo (iguais, equivale à tecla [PMT] das calculadoras financeiras); **vp** = valor presente ou a soma total correspondente ao valor presente de uma série de pagamentos futuros (se for omitido, será considerado 0 – equivale à tecla [VP] das calculadoras financeiras); **tipo =** representado pelo número 0 ou 1 e indica as datas de vencimento dos pagamentos. Se for igual a 0 ou omitido, o Excel assume como uma série de pagamentos postecipados – no final do período. Se for igual a 1, o Excel assume como uma série de pagamentos antecipados (no início do período). Equivale às funções [g] [BEG] e [g] [End] das calculadoras financeiras.

	B	C	D	E	F	G
2	VP	N	I	PMT	VF	Tipo
3	800	2	10%		?	
4	(R$968,00)	**= VF(D3;C3;;B3)**				

A tabela representa o cálculo do valor futuro com a função VF do Excel. O valor devido de um empréstimo de $ 800,00 a uma taxa igual a 10% ao mês durante dois meses é igual a $ 968,00.

Função NPER: Esta função do Excel calcula o número de períodos para investimento de acordo com pagamentos constantes e periódicos e uma taxa de juros constante. É similar à função [n] das calculadoras financeiras. Sua sintaxe é do tipo: **NPER(taxa;pgto;vp;vf;tipo)**, onde: **taxa** = taxa de juros por período; **pgto** = pagamento feito em cada período; não pode mudar durante a vigência da anuidade. Geralmente, **pgto** contém o capital e os juros, mas nenhuma outra tarifa ou taxa; **vp** = valor presente ou atual de uma série de pagamentos futuros; **vf** = valor futuro, ou saldo, que se deseja obter após o último pagamento (se **vf** for omitido, será considerado 0 – o valor futuro de um empréstimo, por exemplo, é 0); **tipo** = número 0 (datas de vencimento no final do período) ou 1 (datas de vencimento no início do período) que indica as datas de vencimento dos pagamentos.

	B	C	D	E	F	G
2	VP	N	I	PMT	VF	Tipo
3	– 800	?	6%		1350	
4	8,98	**= NPER(D3;;B3;F3)**				

A tabela mostra o cálculo do número de períodos necessários para transformar um investimento no valor de $ 800,00 em um montante igual a $ 1.350,00 a uma taxa de 6% ao período. Nesse caso, são necessários 8,98 períodos.

É importante destacar que, diferentemente da HP12C, o Excel não aproxima para o inteiro superior o cálculo de *n*.

Função TAXA: Esta função obtém a taxa de juros por período de uma anuidade. A função TAXA é obtida por iteração e pode ter zero ou mais soluções. Se os resultados sucessivos de TAXA não convergirem para 0,0000001 depois de 20 iterações, TAXA retorna o valor de erro #NÚM!. Sua sintaxe é do tipo: **TAXA(nper;pgto; vp;vf;tipo;estimativa)**, onde: **nper** = número total de períodos de pagamento em uma anuidade; **pgto** = pagamento feito em cada período e não pode mudar durante a vigência da anuidade. Geralmente, **pgto** inclui a amortização do principal e os juros e nenhuma outra taxa ou tributo; **vp** = valor presente, equivalendo o valor total correspondente ao valor atual de uma série de pagamentos futuros; **vf** = valor futuro, ou o saldo, que se deseja obter depois do último pagamento (se **vf** for omitido, será considerado 0 – o valor futuro de um empréstimo, por exemplo, é 0); **tipo** = número 0 (datas de vencimento no final do período) ou 1 (datas de vencimento no início do período) que indica as datas de vencimento dos pagamentos.

	B	C	D	E	F	G
2	VP	N	I	PMT	VF	Tipo
3	200	8	?		– 320	
4	6,05%	= TAXA(C3;B3;F3)				

Nessa tabela pode-se ver uma aplicação da função TAXA. De acordo com o exemplo fornecido, um empréstimo recebido no valor de $ 200,00 e quitado mediante o pagamento de $ 320,00, após 8 períodos, apresentou a incidência de uma taxa de juros igual a 6,05% ao período.

Outras funções financeiras do Excel

Além das funções financeiras mais usuais apresentadas anteriormente, o Excel possui uma função específica para séries uniformes, a função PGTO, e duas outras funções importantes para cálculos com séries financeiras não uniformes: as funções TIR e VPL, todas apresentadas mais adiante neste livro. Diversas outras funções financeiras do Excel estão caracterizadas no Quadro 5.2.

Quadro 5.2 *Outras funções financeiras do Excel.*

Função	Descrição
ACCRINT	Retorna os juros acumulados de um título que paga uma taxa periódica de juros
ACCRINTM	Retorna a taxa de juros acumulados de um título que paga juros no vencimento
AMORDEGRC	Retorna a depreciação para cada período contábil
AMORLINC	Retorna a depreciação para cada período contábil
BD	Retorna a depreciação de um ativo para um período especificado, usando o método de balanço de declínio fixo
BDD	Retorna a depreciação de um ativo para um período especificado usando o método de balanço de declínio duplo ou algum outro método especificado
BDV	Retorna a depreciação de um ativo para um período especificado ou parcial usando um método de balanço declinante
COUPDAYBS	Retorna o número de dias do início do período de cupom até a data de liquidação
COUPDAYS	Retorna o número de dias no período de cupom que contém a data de quitação
COUPDAYSNC	Retorna o número de dias da data de quitação até a data do próximo cupom
COUPNCD	Retorna a próxima data de cupom após a data de quitação
COUPNUM	Retorna o número de cupons pagáveis entre as datas de quitação e vencimento
COUPPCD	Retorna a data de cupom anterior à data de quitação
CUMIPMT	Retorna os juros acumulados pagos entre dois períodos
CUMPRINC	Retorna o capital acumulado pago sobre um empréstimo entre dois períodos
DISC	Retorna a taxa de desconto de um título
DOLLARDE	Converte um preço em formato de moeda, na forma fracionária, em um preço na forma decimal
DOLLARFR	Converte um preço, apresentado na forma decimal, em um preço apresentado na forma fracionária
DPD	Retorna a depreciação em linha reta de um ativo durante um período

DURATION	Retorna a duração anual de um título com pagamentos de juros periódicos
EFFECT	Retorna a taxa de juros anual efetiva
ÉPGTO	Calcula os juros pagos durante um período especificado de um investimento
FVSCHEDULE	Retorna o valor futuro de um capital inicial após a aplicação de uma série de taxas de juros compostas
INTRATE	Retorna a taxa de juros de um título totalmente investido
IPGTO	Retorna o pagamento de juros para um investimento em determinado período
MDURATION	Retorna a duração de Macauley modificada para um título com valor de paridade equivalente a R$ 100
MTIR	Calcula a taxa interna de retorno em que fluxos de caixa positivos e negativos são financiados com diferentes taxas
NOMINAL	Retorna a taxa de juros nominal anual
ODDFPRICE	Retorna o preço por R$ 100 de valor nominal de um título com um primeiro período indefinido
ODDFYIELD	Retorna o rendimento de um título com um primeiro período indefinido
ODDLPRICE	Retorna o preço por R$ 100 de valor nominal de um título com um último período de cupom indefinido
ODDLYIELD	Retorna o rendimento de um título com um último período indefinido
PPGTO	Retorna o pagamento de capital para determinado período de investimento
PRICE	Retorna o preço por R$ 100 de valor nominal de um título que paga juros periódicos
PRICEDISC	Retorna o preço por R$ 100 de valor nominal de um título descontado
PRICEMAT	Retorna o preço por R$ 100 de valor nominal de um título que paga juros no vencimento
RECEIVED	Retorna a quantia recebida no vencimento de um título totalmente investido
SDA	Retorna a depreciação dos dígitos da soma dos anos de um ativo para um período especificado
TAXA	Retorna a taxa de juros por período de uma anuidade

TBILLEQ	Retorna o rendimento de um título equivalente a uma obrigação do Tesouro
TBILLPRICE	Retorna o preço por R$ 100 de valor nominal de uma obrigação do Tesouro
TBILLYIELD	Retorna o rendimento de uma obrigação do Tesouro
XIRR	Fornece a taxa interna de retorno de um programa de fluxos de caixa não necessariamente periódico
XNPV	Retorna o valor presente líquido de um programa de fluxos de caixa não necessariamente periódico
YIELD	Retorna o rendimento de um título que paga juros periódicos
YIELDDISC	Retorna o rendimento anual de um título descontado. Por exemplo, uma obrigação do Tesouro
YIELDMAT	Retorna o rendimento anual de um título que paga juros no vencimento

Exercícios com juros compostos

Exercício 72

Um capital inicial no valor de $ 50.000,00 foi aplicado por 25 meses a uma taxa igual a 18% ao ano. Qual o valor de resgate?

Exercício 73

Uma instituição financeira emite um título sobre o qual paga uma taxa igual a 12% a.q. Se um investidor necessitará de $ 32.000,00 daqui a 2 anos, quanto deverá aplicar neste título hoje?

Exercício 74

Sendo a taxa corrente de juros igual a 10% a.q., quanto deve ser aplicado hoje para resgatar $ 4.500,00 daqui a 18 meses?

Exercício 75

Qual o valor do capital inicial que aplicado no regime de juros compostos durante 3 anos e 4 meses, à taxa de 6% a.q., fornece um montante de $ 60.000,00?

Exercício 76

Qual a taxa de juros mensal a que devemos empregar o capital de $ 40.000,00 para obtermos no final do período de 3 anos o montante de $ 68.000,00?

Exercício 77

Um capital de $ 40.000,00 rendeu juros de $ 3.297,29 após ter sido aplicado a uma taxa igual a 2% a.m. Pede-se determinar qual o prazo em meses desta aplicação.

Exercício 78

Magno resgatou um montante igual a $ 88.241,59 após aplicar $ 80.000,00 no Banco do Lucro Divino. Sabendo que a taxa paga pelo banco foi igual a 4% a.m., qual o prazo em dias da operação?

Exercício 79

Determine o montante produzido pelo capital de $ 68.000,00, aplicado durante 2 anos no regime de capitalização composta, à taxa de 4% a.b.

Exercício 80

Aplicou-se por 6 anos um capital de $ 80.000,00, obtendo-se juros no valor de $ 15.000,00. Qual foi a taxa mensal de aplicação do capital inicial?

Exercício 81

O capital de $ 37.000,00 foi aplicado no regime de capitalização composta por 16 meses, resultando em um montante de $ 63.000,00. Qual a taxa anual da operação?

Exercício 82

Um investidor colocou $ 400.000,00 em certa aplicação que lhe propiciava rendimentos mensais que ele resolveu acumular. Ao fim de 10 meses, obteve o montante de $ 440.000,00. Qual o valor da taxa de juros anual da aplicação?

Exercício 83

Joaquim deseja fazer uma aplicação financeira, a juros compostos de 1,4% ao mês, de forma que possa retirar $ 40.000,00 no final do sexto mês e $ 60.000,00 no final do décimo mês. Qual o menor valor da aplicação que permite a retirada desses valores nos meses indicados?

Exercício 84

Sobre determinado empréstimo incidiu no primeiro mês uma taxa de juros equivalente a 8% a.m., no segundo uma taxa de 6% a.m., no terceiro 7% a.m. e no quarto uma taxa de 10% a.m. Pede-se obter: (a) a taxa acumulada; (b) a taxa efetiva média mensal.

Exercício 85

Em uma operação de desconto comercial com prazo de três meses, o valor presente de um título é igual a 96% de seu valor de resgate. Determine a taxa mensal de desconto "por dentro" dessa operação, no regime de juros compostos.

Exercício 86

Calcule o valor presente dos seguintes fluxos de caixa, descontados racionalmente a uma taxa igual a 2% a.m. no regime de juros compostos: (a) $ 1.000,00 recebidos daqui a 2,5 anos; (b) $ 5.600,00 recebidos daqui a 18 dias; (c) $ 18.000,00 recebidos daqui a 8 quadrimestres.

Exercício 87

Um apostador sortudo acabou de ganhar um grande prêmio em uma loteria da Caixa Econômica da Felicidade, que lhe ofereceu duas alternativas para receber seu prêmio: (a) $ 200.000,00 daqui a um ano; (b) $ 400.000,00 daqui a cinco anos. Qual deve ser a escolha do ganhador se a taxa de juros anual no mercado for igual a: (a) 0%; (b) 8%; (c) 22%; (d) Qual taxa de juros torna as duas alternativas igualmente atrativas? Considere o regime dos juros compostos.

Exercício 88

Um empréstimo no valor de $ 6.000,00 foi feito pelo prazo de oito meses a uma taxa de juros compostos igual a 24% a.a. Qual o valor devido no final da operação?

Exercício 89

Uma aplicação no valor de $ 65.000,00 foi feita por dois meses a uma taxa de juros composta igual a 15% a.a. Qual o valor dos juros recebidos no final da operação?

Exercício 90

Uma pessoa tomou um empréstimo de $ 54.000,00 a juros compostos de 2% a.m. e no prazo de dois anos e meio. Qual o montante aproximado dessa dívida?

Exercício 91

Determe o valor dos juros numa aplicação de $ 80.000,00, se o banco paga juros de 3% a.m. (juros compostos) e o prazo da aplicação é de 140 dias.

Exercício 92

Qual o juro obtido após uma aplicação no valor de $ 67.000,00 a juros compostos a taxa de 2% a.a. ao fim de 27 anos e 6 meses?

Exercício 93

Qual o valor de face de uma nota promissória comprada hoje por $ 20.000,00, com vencimento daqui a 5 meses, se a taxa de juros compostos for de 18,4% a.a.?

Exercício 94

Uma aplicação bancária está oferecendo juros compostos fixos de 3% a.m. por 5 meses, sobre um valor igual a $ 40.000,00. Qual será o valor do resgate ao final desse período?

Exercício 95

Fabíola conseguiu um empréstimo de $ 60.000,00 em um banco que cobra 3% ao mês de taxa de juros compostos. Quanto deverá pagar se o prazo do empréstimo for de 18 meses em parcela única?

Exercício 96

Uma aplicação no valor de $ 58.000,00 é realizada no dia primeiro de um mês, rendendo uma taxa de 0,70% ao dia útil com capitalização diária. Considerando que o referido mês possui 22 dias úteis, no fim do mês o montante será igual ao capital inicial aplicado mais juros no valor de quanto?

Exercício 97

Uma empresa contratou um financiamento no valor de $ 80.000,00 por 60 dias, à taxa de 4,25% a.m. Considere o regime de capitalização composta. Qual o montante a ser desembolsado por essa empresa na data de vencimento da operação?

Exercício 98

Calcule o juro composto decorrente de uma aplicação de $ 14.000,00 nas condições de prazo e taxa apresentadas na tabela seguinte.

Alternativa	Taxa	Prazo
A	2,80% a.m.	1 semestre
B	33,60% a.a.	1 ano e 3 meses
C	16% a.s.	158 dias, ano exato
D	14% a.q.	9 meses
E	29% a.t.	5 anos

Exercício 99

Uma nota promissória com prazo de dois meses tem valor de resgate igual a $ 12.000,00 na data de seu vencimento e deve ser substituído por outro com prazo de três meses, a contar de hoje. Determine o valor nominal desse novo título, utilizando uma taxa de desconto "por dentro" de 18% ao ano, no regime de juros compostos.

Exercício 100

Carlos José possui uma letra de câmbio no valor nominal de $ 58.000,00 que é resgatável daqui a 1,2 ano. Sabendo que a taxa de juros corrente é igual a 19% a.a., por quanto ele deve oferecer a letra a uma pessoa interessada em adquiri-la, cinco meses antes de seu vencimento? Considere o regime de capitalização composta.

Exercício 101

Se o valor nominal de uma nota promissória for de $ 50.000,00, qual seu valor atual 6 meses antes do vencimento se a taxa de juros é de 14% a.a. no regime de capitalização composta?

Exercício 102

Por quanto Antônio comprará um título, vencível daqui a 3 meses, com o valor nominal de $ 38.000,00, se a taxa de juros compostos corrente for de 12,4% a.a. no regime dos juros compostos?

Exercício 103

A Corporação da Praça Ltda. possui um título com valor nominal de $ 35.000,00, com vencimento daqui a 2 anos. Se a taxa atual de juros correntes é igual a 14% a.a., juros compostos, qual o valor atual deste título hoje?

Exercício 104

Se eu quiser ter $ 40.000,00 dentro de 3 anos, quanto deverei aplicar agora, considerando uma taxa de juros compostos igual a 3% a.m.?

Exercício 105

Uma empresa desembolsou $ 42.000,00 no vencimento de um empréstimo contratado por 110 dias, à taxa de 2,82% a.m. Qual foi o valor contratado?

Exercício 106

Uma nota promissória com valor nominal igual a $ 100.000,00 foi resgatada 43 dias antes de seu vencimento com uma taxa de desconto por dentro de 6% ao mês. Determine o valor do principal dessa operação, assumindo-se regime de juros compostos e ano com 360 dias. Efetue a análise sob a óptica do comprador do título.

Exercício 107

Determinar a taxa trimestral pela qual $ 100.000,00, composto trimestralmente, gera em 2 anos um montante de $ 320.000,00.

Exercício 108

A que taxa trimestral pode-se aplicar um capital de modo a obter um total de juros igual a 30% do capital investido no fim de 3 anos considerando capitalização composta?

Exercício 109

Carolina possui uma letra de câmbio vencível daqui a 2 anos, com valor nominal igual a $ 27.000,00. Ela propõe a troca daquele título por outro, vencível daqui a 8 meses, no valor nominal de $ 21.000,00. Se a operação é justa, qual deve ser a taxa de juros mensal vigente no mercado? Considere o regime de capitalização composta.

Exercício 110

A que taxa de juros semestral Ivonaldo deve aplicar suas economias de modo a obter um total de juros igual a 50% do capital aplicado no fim de 3 anos?

Exercício 111

O Banco Central do Brasil vendeu um Bônus do Banco Central (BBC) por $ 97.800,00 em 02/01/2001. No resgate previsto para 01/03/2001, irá pagar $

100.000,00 pelo título. Pede-se calcular a taxa efetiva anual de juros embutida na operação, considerando o ano comercial.

Exercício 112

Qual a taxa de juros efetiva anual cobrada em um empréstimo no valor de $ 35.000,00, com prazo de 18 meses, e juros antecipados no valor de 23% do principal pagos no ato?

Exercício 113

Pede-se calcular a taxa de juros efetiva mensal correspondente a um empréstimo de $ 160.000,00, por três anos, com juros antecipados iguais a 32% do valor financiado.

Exercício 114

O capital de $ 20.000,00 aplicado no Banco do Futuro produziu, no fim de um ano, o montante de $ 34.000,00. Qual a taxa mensal no regime de juros compostos capaz de fazer a metade desse mesmo capital produzir esse mesmo montante nesse mesmo espaço de tempo?

Exercício 115

Qual foi a taxa composta mensal apurada por um investidor como resultado de uma aplicação de $ 20.000,00 efetuada no dia 13/02/2002, cujo valor de resgate, em 17/04/2002, foi de $ 21.000,00?

Exercício 116

Considerando uma taxa de juros em regime de capitalização composta igual a 26% a.a., no fim de quantos meses o capital quintuplicará de valor? Considere o ano comercial e aproxime o resultado obtido para o inteiro superior.

Exercício 117

Obtenha os montantes no regime de juros compostos de uma aplicação no valor inicial de $ 82.000,00, considerando-se os seguintes prazos e taxas: (a)

3,6% a.m. por 4 meses; (b) 8% a.m. por 2 anos e meio; (c) 16% a.t. por 1 ano e meio; (d) 25% a.s. por 5 anos; (e) 0,37% a.d. por 49 dias; (f) 9% a.a. por 17 dias (ano comercial).

Exercício 118

Qual o valor futuro de $ 5.000,00 aplicado a juros compostos anuais nas seguintes condições: (a) 4 anos a 6%? (b) 4 anos a 10%? (c) 8 anos a 6%? (d) Por que é que o juro de **c** não é o dobro do de **a**?

Exercício 119

A Corporação Paripiranga Ltda. assinou um contrato para a venda de um ativo por $ 92.000,00. A empresa receberá o pagamento apenas daqui a três anos. Sabe-se que o ativo custou à empresa um valor presente igual a $ 48.000,00 dois anos atrás. Qual a taxa efetiva mensal recebida pela empresa na operação de venda deste ativo?

Exercício 120

Um capital no valor de $ 39.000,00 foi depositado de acordo com um processo de capitalização composta. Qual seu valor futuro no final de 10 anos, considerando uma taxa anual igual a 18%?

Exercício 121

Mariana não sabe onde investir os $ 180.000,00 que economizou e que pretende dispor por 3 anos. Um corretor de imóveis lhe oferece a oportunidade de comprar um lote de terreno numa área que nos próximos três anos receberá benfeitorias que provocarão um aumento natural de valor. O corretor afirma que daqui a três anos esse terreno estará valendo no mínimo $ 230.000,00. Sabe-se que Mariana espera remunerar seu investimento com uma taxa de juro mínima de 1,4% ao mês. A compra do terreno é uma boa opção de investimento? Por quê?

Exercício 122

Calcule a taxa efetiva líquida mensal decorrente de uma aplicação de $ 80.000,00 por seis meses a uma taxa de juros compostos igual a 1,8% a.m., deduzindo uma incidência de imposto de renda igual a 20% dos rendimentos.

5.6 Equivalência de capitais

De forma similar ao conceito apresentado para o regime de capitalização simples, dois ou mais capitais nominais, supostos com datas de vencimento determinadas, dizem-se equivalentes quando, descontados para uma data focal, à mesma taxa de juros compostos e em idênticas condições, produzirem valores iguais. No regime de juros compostos, a forma de desconto será sempre a racional.

A data focal consiste no momento temporal considerado como base de comparação dos valores referidos a diferentes datas. No regime dos juros simples e nas operações de desconto comercial, deve-se usar obrigatoriamente a data focal apresentada no enunciado. Caso nenhuma data específica seja fornecida, deve-se usar a data zero. Porém, no regime dos juros compostos pode-se usar qualquer data focal para a análise. Observe o exemplo a seguir.

Uma concessionária vendia certo tipo de automóvel por $ 1.600.000,00 a vista. Tinha um plano de pagamento em 6 meses com juros fixos compostos mensalmente. Um cliente comprou um destes automóveis em 6 meses, efetuando pagamentos ao fim de 2 e 6 meses. Se o primeiro pagamento foi de $ 2.136.000,00 e se os juros foram de 40% ao mês, o segundo pagamento foi de quanto?

Assumindo o segundo pagamento no valor de *X*, é possível apresentar o DFC da operação conforme ilustrado a seguir.

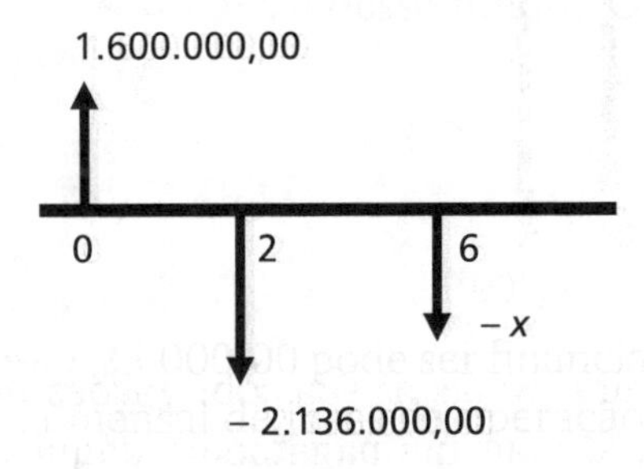

Para obter o valor de *X*, basta usar o conceito de equivalência de capitais, capitalizando os valores $ 1.600.000,00 e $ 2.136.000,00 das datas 0 e 2, respectivamente, para a data 6, conforme apresentado a seguir.

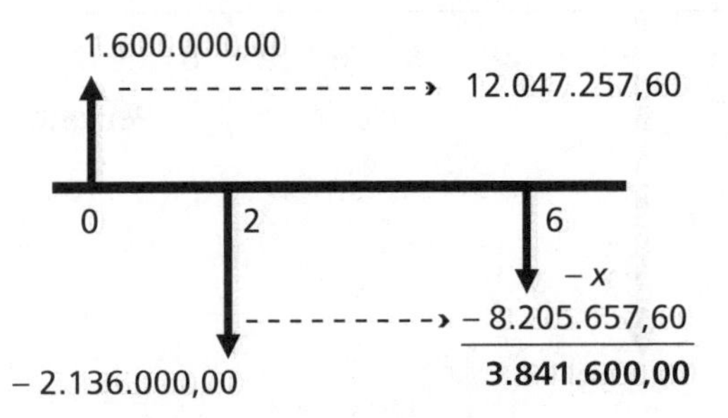

Capitalizando \$ 1.600.000,00 da data 0 para a data 6 (n = 6):

$VF = VP.(1 + i)^n = 1.600.000.(1 + 0,4)^6 = + \$ 12.047.257,60$

Capitalizando – \$ 2.136.000,00 da data 2 para a data 6 (n = 4):

$VF = VP.(1 + i)^n = 2.136.000.(1 + 0,4)^4 = - \$ 8.205.657,60$

O valor de X corresponde à diferença: 12.047.257,60 – 8.205.657,60 = \$ 3.841.600,00.

No regime de juros compostos, sempre é possível considerar diferentes datas focais ao longo da análise.

Em outro exemplo, uma empresa possui três títulos a pagar no final de cada um dos próximos três meses com valores respectivamente iguais a \$ 450,00, \$ 600,00 e \$ 700,00. O diagrama de fluxo de caixa ilustra o contas a pagar da empresa.

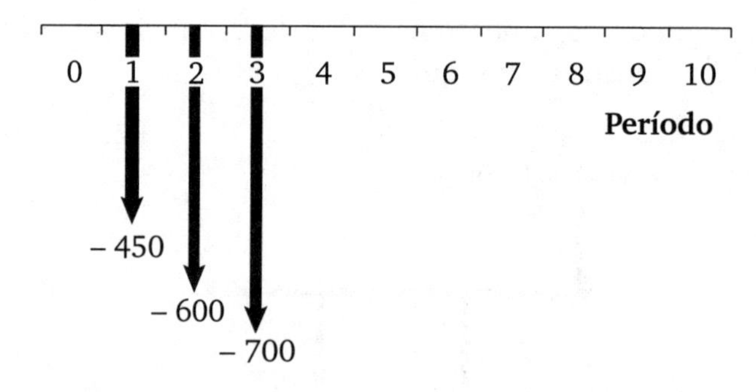

A empresa planeja quitar todas as suas obrigações mediante um pagamento a vista no valor de \$ 800,00 mais um pagamento daqui a dois meses no valor de \$ 912,25. Sabendo que a taxa de juros vigente para a operação é igual a 2% a.m., pede-se verificar se os fluxos são equivalentes na data focal zero.

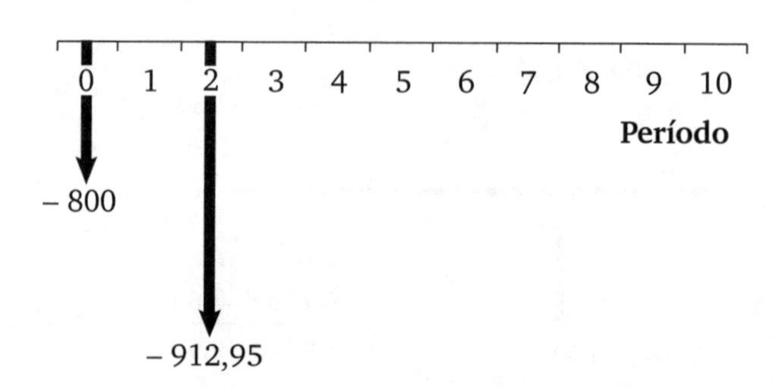

Para verificar se os fluxos de capitais são equivalentes, basta trazer seus valores para a data focal zero, comparando as somas obtidas. Os cálculos dos valores presentes estão ilustrados na tabela seguinte.

Período	Antigo		Novo	
	VF	VP	VF	VP
0		–	(800,00)	(800,00)
1	(450,00)	(441,18)		–
2	(600,00)	(576,70)	(912,95)	(877,50)
3	(700,00)	(659,63)		–
Soma		**(1.677,50)**		**(1.677,50)**

Como as somas a valor presente dos fluxos antigo e novo foram iguais, pode-se dizer que ambos são equivalentes na data focal zero.

Exercícios com equivalência de capitais com juros compostos

Exercício 123

Gustavo deseja financiar um novo microcomputador, no valor de $ 2.000,00, pagando uma entrada de $ 500,00, uma prestação com vencimento em 60 dias no valor de $ 1.000,00 e outra prestação com vencimento em 120 dias. Sabendo que a loja costuma cobrar uma taxa de juros igual a 2% a.m. no regime dos juros compostos, qual o valor do terceiro pagamento?

Exercício 124

Um banco possui em sua tesouraria três títulos emitidos pela Corporação da Montanha do Céu S.A. nos valores de $ 80.000,00, $ 120.000,00 e $ 180.000,00 e vencimentos iguais a 30, 45 e 120 dias, respectivamente. Em um processo de reestruturação de suas dívidas, a empresa solicitou a troca dos títulos por um único no valor de $ 413.728,20, com vencimento programado para daqui a seis meses. Sabe-se que a taxa de juros compostos de mercado para a operação é igual a 2,50% a.m. Com base no conceito de equivalência de capitais na data focal do novo título, pode-se dizer que esta é uma proposta justa?

5.7 Equivalência de taxas de juros

De forma similar ao regime de capitalização simples, pelo critério de equivalência de taxas de juros diz-se que duas taxas de juros i_1 e i_2, referidas a períodos diferentes no regime de capitalização composta, são equivalentes quando resultam no mesmo montante, ou juro, no fim do prazo da operação, tendo incidido sobre o mesmo principal.

Assim:

$$VF_a = VP_a\,(1 + i_a)^{na} \text{ e } VF_b = VP_b\,(1 + i_b)^{nb}$$

Como VF_a e VF_b são iguais, VP_a e VP_b também são iguais, tem-se que:

$$(1 + i_a)^{na} = (1 + i_b)^{nb}$$

Note que i_a e n_a, da mesma forma que i_b e n_b, devem estar na mesma base. Para encontrar a fórmula de equivalência, basta operar algebricamente a expressão anterior:

$$i_a = [(1 + i_b)^{(nb/na)}] - 1$$

Para expressar a taxa em termos percentuais, é preciso multiplicar a expressão anterior por 100%:

$$i_a = \{[(1 + i_b)^{(nb/na)}] - 1\} \times 100\%$$

Por exemplo, para achar a taxa mensal equivalente à taxa anual de 36% a.a., basta aplicar a fórmula:

$$i_a = [(1 + i_b)^{(nb/na)})] - 1 = [(1 + 0{,}36)^{(1/12)}] - 1 = 2{,}5955\% \text{ ao mês}$$

Além da disponibilidade da solução algébrica, outra alternativa bastante empregada por profissionais do mercado financeiro consiste no uso dos registradores financeiros da HP12C. Nesses casos, arbitra-se sempre um valor presente igual a \$ 100,00.

Por exemplo, em relação ao cálculo anterior para a obtenção da taxa equivalente mensal da taxa anual de 36% a.a., supondo-se um valor presente igual a – $ 100,00, um valor futuro igual a $ 136,00 e 12 períodos de capitalização, o diagrama de fluxo de caixa empregado para a obtenção da taxa equivalente pode ser visto na figura seguinte.

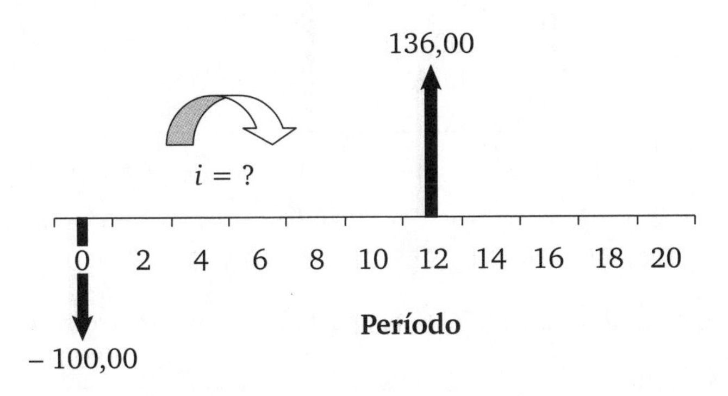

Figura 5.2 *DFC de operação com taxas equivalentes.*

Aplicando as variáveis [PV], [n] e [FV] na HP12C para a obtenção da taxa equivalente [i], bastaria executar os seguintes procedimentos na calculadora:

Passo	Teclas	Descrição
01	100 [CHS] [PV]	Abastece o valor presente.
02	136 [FV]	Abastece o valor futuro.
03	12 [n]	Abastece o número de períodos.
04	[i]	Solicita-se a taxa equivalente mensal
Visor	2,5955	Resultado: a taxa equivalente mensal igual a 2,5955% a.m.

Outro exemplo: deseja-se calcular a taxa equivalente semestral de uma aplicação que costuma render 4% ao mês. Aplicando a expressão algébrica:

$$i_a = \{[(1+i_b)^{(nb/na)}] -1\} \times 100\%$$

$$i_{\text{semestral}} = \{[(1 + 0{,}04)^{(6/1)}] -1\} \times 100\% = 26{,}5319\% \text{ ao semestre}$$

Na HP12C, poderia aplicar um raciocínio análogo. Nessa situação, supõe-se um valor presente igual a – $ 100,00, um número de períodos igual a seis e uma taxa efetiva periódica igual a 4%. Deseja-se obter o valor futuro. Como o valor presente foi supostamente igual a $ 100,00, a diferença entre os valores futuro e presente corresponde à taxa efetiva.

O diagrama de fluxo de caixa é o apresentado na Figura 5.3.

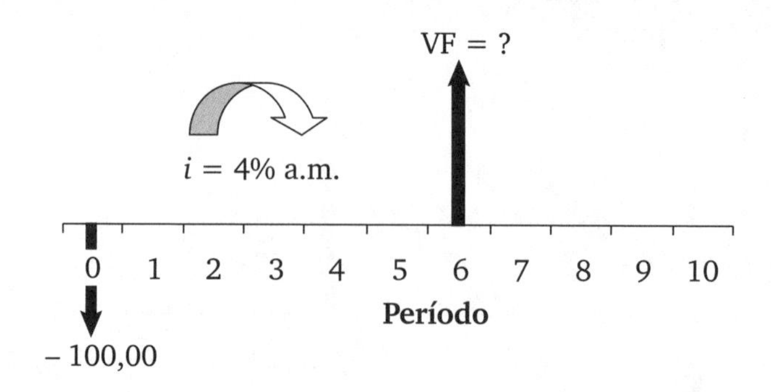

Figura 5.3 *Outro DFC de operação com taxas equivalentes.*

Na HP12C, a seqüência de procedimentos utilizados para o cálculo da taxa pode ser vista no quadro seguinte:

Passo	Teclas	Descrição
01	100 [CHS] [PV]	Abastece o valor presente.
02	4 [i]	Abastece a taxa.
03	6 [n]	Abastece o número de períodos.
04	[FV]	Solicita-se o valor futuro.
Visor	126,5319	Resultado: o valor futuro foi igual a 126,5319. Logo, a taxa efetiva é igual a 26,5319% a.s.

Exercícios com equivalência de taxas compostas

Exercício 125

Determine as taxas semestral e anual equivalentes à taxa de juros de 2% ao mês.

Exercício 126

Considerando uma taxa de juros de 52% ao ano, assumindo ano civil com 365 dias, pede-se determinar: (a) a taxa diária equivalente; (b) a taxa semanal equivalente, para ano formado por 52 semanas.

Exercício 127

Qual a taxa anual equivalente a 2,5% a.m.?

Exercício 128

Ícaro aplicou $ 1.800,00 por 183 dias a uma taxa igual a 16% ao período. Qual a taxa efetiva anual da operação? Considere ano comercial.

[illegible] Mila verificou que [illegible] [illegible] para pagar a compra de uma geladeira [illegible] [illegible] iguais a $ 1.200,00. Pede-se calcular o número de [illegible] mensais postecipadas que ela deverá pagar considerando as seguintes [illegible] de financiamento: (a) 1,80% a.m.; (b) 2,20% a.m.; (c) 2,50% a.m.

Exercício 208

6

Taxas Nominais e Unificadas

"O pessimista se queixa do vento, o otimista espera que ele mude e o realista ajusta as velas."

Anônimo

6.1 Objetivos do capítulo

Em muitas operações práticas com valores no tempo, as taxas empregadas podem estar apresentadas em uma unidade, porém capitalizadas em outra. Nesses casos, diz-se tratar de taxas nominais. Taxas nominais não podem ser operadas algebricamente. Precisam ser convertidas e, posteriormente, operadas.

Outra apresentação das taxas de juros consiste no formato de taxas unificadas ou aparentes, onde a taxa real de juros e a taxa inflacionária são apresentadas de forma conjunta.

Este capítulo possui o objetivo de apresentar o conceito de taxas nominais e unificadas, focalizando seu uso amplo nas operações do mercado financeiro brasileiro.

6.2 Taxas que podem confundir

Em algumas operações financeiras é comum a taxa de juros estar apresentada com a expressão *capitalizada*. Por exemplo, no Brasil, diz-se que a caderneta de poupança costuma apresentar uma taxa igual a 6% ao ano, *capitalizada* mensalmente.

Nessas situações, a unidade de apresentação da taxa (por exemplo, 6% *ao ano*) não representa a forma de incidência dos juros ou de capitalização. Trata-se, na verdade, de uma taxa nominal – que não pode ser empregada em operações algébricas. A taxa verdadeira de capitalização corresponde à taxa da unidade de capitalização (no exemplo, a taxa mensal). Para encontrá-la, basta dividir a taxa pela unidade de capitalização, como se fossem taxas proporcionais. Por exemplo, 6% ao ano, capitalizada mensalmente, corresponde a uma taxa efetiva igual a 6%/12 ao mês. Ou seja, 0,5% ao mês. Para obter a taxa efetiva anual, é preciso aplicar o conceito de equivalência de taxas no mecanismo dos juros compostos.

Em relação ao exemplo da taxa da caderneta de poupança, aplicando a fórmula de equivalência:

$$i_{anual} = \{[(1 + i_{mensal})^{12}] - 1\} \times 100\% = \{[(1 + 0{,}005)^{12}] - 1\} \times 100\% = 6{,}17\%$$

Assim, 0,5% a.m. equivale a 6,17% a.a., que representa a taxa efetiva de rendimento da caderneta de poupança.

A conversão de taxas equivalentes pode ser feita de diferentes maneiras. A mais tradicional envolve a aplicação das fórmulas algébricas. Uma alternativa prática e rápida costuma envolver o uso dos registradores financeiros da HP12C, arbitrando-se, por exemplo, $ 100,00 como valor presente – ilustração que pode ser vista no capítulo de juros compostos.

Porém, com o auxílio da HP12C, outra alternativa simples e rápida consiste na inserção de programa para o cálculo de taxas equivalentes, conforme apresentado no Quadro 6.1.

Quadro 6.1 *Programa para cálculo de taxas equivalentes na HP12C.*

Teclas	Visor	Descrição
f P/R	0	Entra no modo de programação da HP12C. O visor indicará o *flag* PRGM.
F PRGM	0	Limpa os programas existentes.
RCL i	01 – 45 12	Início da entrada da rotina.
1	02 – 1	
0	03 – 0	
0	04 – 0	
÷	05 – 10	
1	06 – 1	
+	07 – 40	
RCL PV	08 – 45 13	
RCL FV	09 – 45 15	
÷	10 – 10	
Y^x	11 – 21	
1	12 – 1	
–	13 – 30	
1	14 – 1	
0	15 – 0	
0	16 – 0	
x	17 – 20	Fim da rotina.
g GTO 00	18 – 43.33 00	Volta para a primeira linha do programa.
f P/R		Encerra o modo de programação da HP12C.

Embora os recursos de programação da calculadora HP12C sejam bastante reduzidos, podem-se, com o auxílio de alguma criatividade, criar recursos úteis. O programa anterior permite o cálculo rápido e preciso de taxas equivalentes. Para isso, basta usar as seguintes teclas:

[i]: para armazenar o valor da taxa inicial.

[FV]: para registrar o valor do período no qual a taxa original está apresentada. Para facilitar a memorização, o leitor deve lembrar-se de que esta é uma taxa <u>f</u>ácil de <u>v</u>er. Nesse programa, o uso do registrador não se encontra associado à função financeira para o cálculo do valor futuro.

[PV]: para armazenar o valor do período para o qual se deseja obter a taxa efetiva. Para facilitar a memorização, o leitor deve lembrar-se de que esta é uma taxa que se **p**recisa **v**er. Nesse programa, o uso do registrador não se encontra associado à função financeira para o cálculo do valor presente.

[R/S]: representa a instrução de execução do programa. R/S significa, para a calculadora HP12C, as instruções *run* (executar) ou *stop* (parar).

Ainda em relação ao exemplo da poupança, após o programa ter sido inserido na HP12C, bastaria executar a seguinte seqüência de teclas:

Passo	Teclas	Descrição
01	0,5 [i]	Abastece o valor da taxa, no caso igual a 0,5% ao mês. A HP12C sempre assume que as taxas estão notadas percentualmente.
02	1 [FV]	Número de períodos a que a taxa se refere. Neste caso, 1 mês é **f**ácil de **v**er.
03	12 [PV]	Número de períodos para o quais se deseja obter a taxa efetiva. No caso, 12 meses **p**reciso **v**er.
04	[R/S]	Solicita-se que o programa seja executado.
Visor	6,1678	Resultado: a taxa equivalente anual para 0,5% ao mês é igual a 6,1678% ao ano.

Exercícios com taxas nominais

Exercício 129

Pede-se determinar as taxas efetivas anuais equivalentes às seguintes taxas de juros: (a) 24% ao ano, capitalizados mensalmente; (b) 18% ao ano, capitalizados semestralmente.

Exercício 130

Qual a taxa efetiva anual correspondente à taxa nominal de 36% a.a., capitalizada semestralmente? E trimestralmente?

Exercício 131

O capital de $ 22.000,00 foi empregado a juros compostos de 5% a.a., capitalizados mensalmente. Determine o montante no fim de 2 anos.

Exercício 132

Calcule o capital que, empregado a juros compostos, à taxa de 38% a.a., capitalizados mensalmente, produziu, no final de 5 meses, o montante de $ 60.000,00.

Exercício 133

Juliana aplicou $ 10.000,00 pelo prazo de um ano, com taxa de juro igual a 12% ao ano, com recebimento trimestral dos juros ***calculados com taxa de juro proporcional***. Pede-se responder às seguintes perguntas: (a) Qual o valor dos juros trimestrais recebidos? (b) Qual a taxa de juro efetiva com período trimestral, considerando juros compostos? (c) Qual a taxa de juro efetiva com período anual, considerando juros compostos?

Exercício 134

Mirna verificou que em determinado processo de capitalização o juro produz-se a uma taxa anual de 24%. (a) Supondo capitalização mensal, qual a taxa anual efetiva se 24% for nominal? (b) Qual a taxa anual nominal com capitalização mensal se 24% for efetiva?

Exercício 135

Qual é a melhor taxa para a aplicação de um capital igual a $ 77.000,00, aplicado durante quatro anos: (a) 4% a.m. com capitalização anual? (b) 2,5% a.m. com capitalização semestral? (c) 3% a.m. com capitalização mensal?

Exercício 136

Qual é o valor futuro daqui a 30 meses de $ 66.000,00 investidos numa aplicação financeira que oferece uma taxa de juro anual igual a 18%, supondo que a taxa seja: (a) capitalizada anualmente? (b) capitalizada semestralmente? (c) capitalizada mensalmente?

6.3 Taxas aparentes ou unificadas

Um exemplo bastante corriqueiro no Brasil que envolve operações de incidência de taxas sucessivas pode ser dado através das taxas aparentes ou unificadas: representam a taxa que incide sobre uma operação financeira, porém em termos nominais (incluindo a variação de preços causada pela inflação).

A taxa aparente ou unificada resulta da aplicação sucessiva de uma taxa de juros real e da variação inflacionária. Matematicamente, analisando a taxa aparente de um único período, pode-se expressá-la como:

$$(1 + i_a) = (1 + ir) \,.\, (1 + i_\theta)$$

Onde:

i_a = taxa aparente (ou unificada) de juros do período
i_r = taxa real de juros do período
i_θ = taxa de inflação do período

Por exemplo, um empréstimo com duração de um mês foi realizado a uma taxa de 3% a.m. mais a correção inflacionária. Se a correção inflacionária no período da operação foi igual a 2% a.m., a taxa de juros da operação poderia ser obtida mediante a aplicação da fórmula anterior:

$$(1 + i_a) = (1 + 0{,}03).(1 + 0{,}02)$$

Ou:

$$i_a = 5{,}06\% \text{ a.m.}$$

Quando períodos múltiplos são analisados, é preciso considerar o produtório das taxas. Veja a expressão seguinte:

$$\prod_{j=1}^{n}\left(1 + i_{aj}\right) = \prod_{j=1}^{n}\left(1 + i_{rj}\right) \cdot \prod_{j=1}^{n}\left(1 + i_{\theta j}\right)$$

Onde:

i_{aj} = taxa aparente (ou unificada) de juros do período j
i_{rj} = taxa real de juros do período j
$i_{\theta j}$ = taxa de inflação do período j

Por exemplo, uma operação foi realizada por três meses a uma taxa de juros real igual a 2% a.m., acima da inflação. Se os percentuais de inflação nos meses analisados foram iguais a 1, 3 e 5% a.m., qual foi a taxa aparente mensal que incidiu durante o período da operação?

Aplicando a fórmula anterior:

$$(1 + i_a)^3 = (1 + 0{,}02)^3 \,.\, (1 + 0{,}01) \,.(1 + 0{,}03) \,.\, (1 + 0{,}05)$$

Ou:

$$i_a = 5{,}0468\% \text{ a.m.}$$

Exercícios com taxas aparentes e unificadas

Exercício 137

Calcule a taxa aparente ou unificada mensal dos rendimentos de uma aplicação financeira, supondo que os índices de atualização em três meses analisados foram iguais a 2%; 4% e 1%. Sabe-se que o rendimento real da aplicação é igual a 2% ao mês.

Exercício 138

Joaquim aplicou $ 40.000,00 por três meses em uma instituição financeira, resgatando o montante de $ 52.000,00. Pede-se determinar qual a taxa de juros mensal: (a) aparente da operação; (b) real da operação, sabendo que a taxa de inflação média mensal foi igual a 3%.

6.4 Operações financeiras no Brasil

As operações financeiras no Brasil caracterizam-se pelo uso intensivo de taxas nominais. Uma das notações mais empregadas consiste na taxa *over*.

Taxas *over* são apresentadas ao mês (neste caso, costuma-se empregar a simbologia a.m.o. – ao mês *over*), porém com capitalização ao dia útil. Assim, para obter a taxa efetiva, é preciso dividir a taxa *over* por 30.

Por exemplo, uma das taxas mais empregadas no Brasil consiste na taxa média do CDI Cetip – que representa as operações bancárias do *overnight* no Brasil.

A taxa do dia 22-5-2002 foi igual a 1,99% a.m.o. Pede-se obter a projeção da taxa efetiva mensal.

Se a taxa *over* foi igual a 1,99% a.m.o., a efetiva seria igual a 1,99%/30 = 0,0663% a.d.u. Para encontrar a efetiva no período mensal, é preciso saber quantos dias úteis existirão no próximo intervalo de 30 dias corridos ou um mês.

Se, por exemplo, no horizonte de 30 dias corridos existirem 22 dias úteis, a taxa efetiva pode ser calculada com o auxílio da HP12C: [f] [REG] 22 [n] 1,99 [ENTER] 30 [/] [i] 100 [CHS] [PV] [g] [END] [FV] Visor => 101,4695. A taxa é igual a 1,4695% a.m.

Embora a HP12C faça cálculos com dias corridos através da função [g] [DATE] ou [g] [DDYS], por exemplo, a máquina não opera com dias úteis. Na prática, profissionais do mercado costumam empregar agendas financeiras,[1] que fornecem a contagem de dias úteis e corridos. Um exemplo está apresentado na Figura 6.1.

Cada data apresentada no calendário financeiro apresentado na Figura 6.1 possui três números. O superior indica o dia do mês. O número central apresenta o número de dias úteis, empregado nas operações com taxas *over*, bastante comuns em operações financeiras no Brasil. O número inferior revela o número de dias corridos transcorridos até a data em questão. Quando o número é múltiplo de 30, o valor aparece em destaque. No caso de o múltiplo de 30 cair em um final de semana ou feriado, a agenda destaca o próximo dia corrido.

PARA AUMENTAR O CONHECIMENTO ...

CERTIFICAÇÃO PROFISSIONAL ANBID SÉRIE 10.
Adriano Leal Bruni

Operações com taxas *over* são características marcantes do mercado financeiro brasileiro. O livro "Certificação Profissional Anbid Série 10" apresenta de forma simples, clara e com muitos exemplos e exercícios o funcionamento dos mercados no Brasil, trazendo outras aplicações e exemplos de uso de taxas *over*. Para saber mais sobre o livro, visite **www.EditoraAtlas.com.br** ou **www.MinhasAulas.com.br**.

[1] Tradicionalmente, o maior fabricante de calendários financeiros no Brasil é a Redoma Indústria Gráfica Ltda. Muitas vezes, os calendários financeiros são denominados como agendas Redoma, apenas.

13
QUA
72/293

TABELA RETROATIVA

33 dias 08 Fev 2002 - Sex	210 dias 15 Ago 2001 - Qua
61 dias 11 Jan 2002 - Sex	240 dias 16 Jul 2001 - Seg
90 dias 13 Dez 2001 - Qui	271 dias 15 Jun 2001 - Sex
120 dias 13 Nov 2001 - Ter	300 dias 17 Mai 2001 - Qui
153 dias 11 Out 2001 - Qui	330 dias 17 Abr 2001 - Ter
180 dias 14 Set 2001 - Sex	362 dias 16 Mar 2001 - Sex

MARÇO 2002

SEG	TER	QUA	QUI	SEX
				1
4	5	6	7	8
11	12	13	14 1 1	15 2 2
18 3 5	19 4 6	20 5 7	T 6 8	22 7 9
25 8 12	26 9 13	27 10 14	28 11 15	29 FM

FEVEREIRO 2002

S	T	Q	Q	S	S	D
				1	2	3
4	5	6	7	8	9	10
FB	FB	13	14	15	16	17
18	19	20	21	22	23	24
25	26	27	28			

d.u. - dias úteis • FN - Fer. Nacional • FB - Fer. Bancário • FM - Fer. Municipal

ABRIL 22 D.U.

SEG	TER	QUA	QUI	SEX
L 12 19	2 13 20	3 14 21	4 15 22	5 16 23
8 17 26	9 18 27	10 19 28	11 20 29	12 21 30
15 22 33	16 23 34	17 24 35	18 25 36	19 26 37
22 27 40	23 28 41	24 29 42	25 30 43	26 31 44
T 32 47	30 33 48			

MAIO 21 D.U.

SEG	TER	QUA	QUI	SEX
		1 FN	2 34 50	T 35 51
TL 36 54	7 37 55	8 38 56	9 39 57	10 40 58
13 41 61	14 42 62	15 43 63	16 44 64	17 45 65
20 46 68	21 47 69	22 48 70	23 49 71	24 50 72
NL 51 75	28 52 76	29 53 77	30 FB	31 54 79

JUNHO 20 D.U.

SEG	TER	QUA	QUI	SEX
3 55 82	4 56 83	5 57 84	6 58 85	7 59 86
10 60 89	11 61 90	12 62 91	13 63 92	14 64 93
17 65 96	18 66 97	19 67 98	20 68 99	21 69 100
24 70 103	25 71 104	26 72 105	27 73 106	28 74 107

JULHO 23 D.U.

SEG	TER	QUA	QUI	SEX
1 75 110	2 76 111	3 77 112	N 78 113	5 79 114
8 80 117	9 81 118	10 82 119	11 83 120	12 84 121
15 85 124	16 86 125	17 87 126	18 88 127	19 89 128
22 90 131	23 91 132	24 92 133	25 93 134	26 94 135
29 95 138	30 96 139	31 97 140		

AGOSTO 22 D.U.

SEG	TER	QUA	QUI	SEX
			1 98 141	2 99 142
5 100 145	6 101 146	7 102 147	8 103 148	9 104 149
12 105 152	13 106 153	14 107 154	T 108 155	16 109 156
19 110 159	20 111 160	21 112 161	22 113 162	23 114 163
L 115 166	27 116 167	28 117 168	29 118 169	30 119 170

SETEMBRO 21 D.U.

SEG	TER	QUA	QUI	SEX
N 120 173	3 121 174	4 122 175	5 123 176	6 124 177
9 125 180	10 126 181	11 127 182	12 128 183	13 129 184
T 130 187	17 131 188	18 132 189	19 133 190	20 134 191
T 135 194	24 136 195	25 137 196	26 138 197	27 139 198
30 140 201				

OUTUBRO 23 D.U.

SEG	TER	QUA	QUI	SEX
	1 141 202	2 142 203	3 143 204	4 144 205
7 145 208	8 146 209	9 147 210	T 148 211	11 149 212
N 150 215	15 151 216	16 152 217	17 153 218	18 154 219
21 155 222	22 156 223	23 157 224	24 158 225	25 159 226
28 160 229	29 161 230	30 162 231	31 163 232	

NOVEMBRO 20 D.U.

SEG	TER	QUA	QUI	SEX
				1 164 233
T 165 236	5 166 237	6 167 238	7 168 239	8 169 240
N 170 243	12 171 244	13 172 245	14 173 246	15 FN
18 174 250	19 175 251	20 176 252	21 177 253	22 178 254
25 179 257	26 180 258	27 181 259	N 182 260	29 183 261

Feriados Internacionais: L - Londres • N - Nova Iorque • T - Tóquio

Figura 6.1 *Folha de calendário financeiro (13/03/2002).*

Por exemplo, os números na folha do calendário financeiro do dia 13/03/2002, apresentado na Figura 6.1, em relação ao dia 02/08/2002, estão destacados na Figura 6.2.

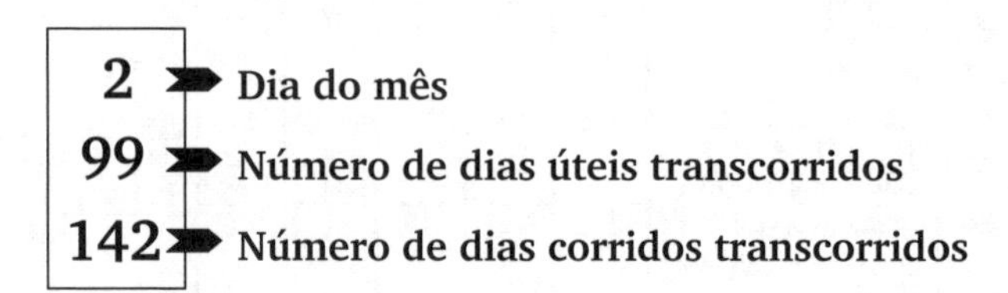

Figura 6.2 *Contagem de dias úteis e corridos na Redoma (02/08/2002).*

A Figura 6.2 apresenta que entre 13/03/2002 e 02/08/2002 existem 99 dias úteis e 142 dias corridos. É comum que o número de dias úteis seja representado pela expressão "dus" e os dias corridos pela expressão "dcs".

Exercícios com operações financeiras no Brasil

Exercício 139

Com o auxílio da HP12C, estime quantos dias corridos existem entre: (a) 17/03/01 e 15/03/02; (b) 22/04/02 e 27/05/02; e (c) 08/07/98 e 10/03/01.

Exercício 140

Um CDB foi feito em 27/05/2001 pelo prazo de 47 dias corridos. Com base na HP12C, estime quando será o vencimento da operação.

Exercício 141

Calcule a taxa equivalente ao mês das seguintes taxas: (a) 24% a.a.; (b) 7% a.s.

Exercício 142

Calcule a taxa equivalente ao ano das seguintes taxas: (a) 0,2% ao dia; (b)15% ao bimestre; c) 19% ao trimestre. Considere o ano comercial.

Exercício 143

Qual a taxa de juros efetiva correspondente a uma operação de 30 dias corridos (21 dias úteis) com taxa igual a 1,9% a.m.o.?

Exercício 144

Uma operação foi fechada a uma taxa igual a 2,84% a.m.o., em um prazo de 80 dias corridos e 55 dias úteis. Calcule a taxa da operação: (a) efetiva ao período; (b) efetiva ao mês.

Exercício 145

Calcule a taxa efetiva ao ano das taxas *over* apresentadas a seguir. Considere o ano formado por 252 dias úteis. Taxas: (a) 2,44% a.m.o.; (b) 2,12% a.m.o.; (c) 1,40% a.m.o.

> ***Observação importante:*** *empregue a folha do calendário financeiro apresentado na Figura 6.1 para a resolução dos próximos exercícios.*

Exercício 146

Um pagamento deveria ter sido feito em 14/05/01. Entretanto, foi pago com atraso em 27/08/01. Com quantos dias de atraso o documento foi quitado?

Exercício 147

Com base na folha do calendário financeiro apresentado anteriormente, calcule quantos dias úteis e corridos existem entre as datas fornecidas a seguir.

a) 13/03/02 e 22/04/02

b) 13/03/02 e 16/09/02

c) 13/03/02 e 28/10/02

Exercício 148

No dia 13/03/2002, um jornal publicou em sua primeira página que a taxa do CDI Cetip *over* do dia anterior havia sido igual a 2,05% a.m.o. Sabendo que uma empresa deseja aplicar $ 108.000,00 por 30 dias corridos segundo a taxa do CDI, estime o valor dos juros recebidos nesta operação.

Exercício 149

Em 13/03/2002, o Banco Central planeja o lançamento de títulos com valor de face igual a $ 400.000,00 e vencimento programado para 20/05/2002. Uma instituição financeira planeja adquirir esses títulos de modo a assegurar uma rentabilidade igual a 2,20% a.m.o. Qual o preço unitário (PU) ou valor presente ofertado pelo papel?

Exercício 150

Calcule a taxa *over* equivalente a uma taxa efetiva igual a 2,4% a.m. em uma operação realizada entre os dias 13/03/2002 e 25/07/2002.

Exercício 151

Qual a taxa equivalente mensal de uma operação feita entre os dias 13/03/2002 e 12/08/2002 com uma taxa previamente acordada igual a 1,80% a.m.o.?

Exercício 152

Em 13/03/02, uma empresa estimava fazer uma aplicação de $ 240.000,00 com resgate programado para 16/07/02. Sabendo-se que em operações desse tipo a empresa costuma receber 98% da taxa efetiva do CDI *calculada para o período*, estime o valor dos juros que seriam recebidos no dia do vencimento da operação. O CDI *over* estimado para a operação foi igual a 2,80 % a.m.o.

Exercício 153

Em 13/03/02, o Banco Central do Brasil leiloou um título com valor nominal de $ 80.000,00 e vencimento programado para 18/06/2002. Sabendo que a taxa de deságio do título foi igual a 3,20% a.m.o., estime qual o preço unitário de negociação do papel.

Exercício 154

Em 04/04/2002, a instituição que havia comprado o título no exercício anterior precisou vendê-lo. Para o papel, a taxa do dia negociada no mercado subiu para 3,50 % a.m.o. (a) Qual o preço de venda do papel? (b) Qual o lucro ou prejuízo que a instituição registrou no dia da operação com o título, considerando a variação do valor do papel em função das variações das taxas no dia da nova venda?

Exercício 155

Em relação ao exercício anterior, pede-se calcular: (a) Se a taxa tivesse caído para 2,9% a.m.o., qual teria sido o preço de venda? (b) Qual o lucro ou prejuízo que a instituição teria registrado no dia da operação com o título?

Exercício 156

No dia 13/03/2002, uma importadora necessitava efetuar uma operação de empréstimo por 60 dias corridos. Uma instituição lhe propôs duas operações: pós-fixada a 104% da taxa efetiva do CDI *calculada para o período* ou prefixada com taxa efetiva igual a 1,80% a.m. Qual a melhor alternativa para a empresa? Considere que o CDI *over* publicado no dia anterior à operação foi igual a 1,90% a.m.o.

Exercício 157

Uma empresa costuma aplicar seus recursos a uma taxa igual a 99% da taxa efetiva do CDI *calculada para o período*. Em 13/03/2002, gostaria de fazer uma aplicação com prazo de 210 dias corridos. O banco lhe propôs um CDB com taxa igual a 1,40% a.m. Seria essa taxa compatível com a remuneração histórica da empresa? Considere que o CDI *over* publicado no dia da operação foi igual a 2,25% a.m.o.

7

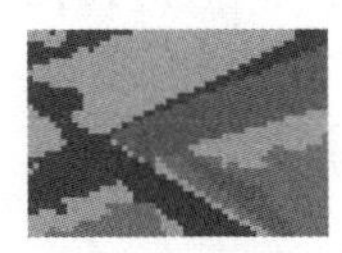

Anuidades ou Séries

"Há cinco degraus para se alcançar a sabedoria:
calar, ouvir, lembrar, agir, estudar."
Anônimo

7.1 Objetivos do capítulo

Quando um fluxo de caixa apresenta uma seqüência de pagamentos ou recebimentos, diz-se tratar de uma série. Se os pagamentos ou recebimentos nominais forem iguais, o fluxo de caixa recebe a denominação de série uniforme ou anuidade.

Este capítulo possui o objetivo de apresentar as séries uniformes e suas aplicações em matemática financeira.

7.2 Uma seqüência de pagamentos ou recebimentos em intervalos periódicos

Uma série ou uma anuidade corresponde a toda e qualquer seqüência de entradas ou saídas de caixa com um dos seguintes objetivos: (1) amortização de uma dívida ou (2) capitalização de um montante.

As séries podem ser classificadas de diferentes formas, especialmente no que diz respeito ao número de prestações, à periodicidade dos pagamentos, ao prazo dos pagamentos ou ao primeiro pagamento.

Em relação ao número de prestações, as séries podem ser:

- **finitas:** quando ocorrem durante um período predeterminado de tempo;

- **infinitas:** também denominadas perpetuidades. Ocorrem quando os fluxos são *ad eternum*, isto é, quando os pagamentos ou recebimentos duram infinitamente.

Quanto à periodicidade dos pagamentos, as séries de pagamento ou recebimento podem ser classificadas em:

- **periódicas:** os pagamentos ou recebimentos ocorrem a intervalos constantes;
- **não periódicas:** os pagamentos ou recebimentos acontecem em intervalos irregulares de tempo.

Em relação ao valor nominal das prestações, as séries podem receber duas denominações:

- **uniformes:** os pagamentos ou recebimentos são iguais;
- **não uniformes:** os pagamentos ou recebimentos apresentam valores distintos.

Quanto ao prazo dos pagamentos, as séries podem ser:

- **postecipadas:** os pagamentos ou recebimentos iniciam após o final do primeiro período;
- **antecipadas:** o primeiro pagamento ou recebimento ocorre na entrada no início da série.

Em relação ao primeiro pagamento, duas classes de séries estão definidas:

- **diferidas:** ou com carência, quando houver um prazo maior que um período entre a data do recebimento do financiamento e a data de pagamento da primeira prestação;
- **não diferidas:** quando não existir prazo superior a um período entre o início da operação e o primeiro pagamento ou recebimento.

PARA AUMENTAR O CONHECIMENTO ...

GESTÃO DE CUSTOS E FORMAÇÃO DE PREÇOS: Com Aplicações na Calculadora HP12C e Excel. Adriano Leal Bruni e Rubens Famá

Operações com séries uniformes com prestações constantes são características do financiamento de bens de consumo duráveis, onde a definição do valor da prestação é uma importante atividade da formação dos preços. O livro "Gestão de Custos e Formação de Preços" discute de forma simples e clara o processo de formação dos preços e gerenciamento dos custos. Para saber mais sobre o livro, visite **www.EditoraAtlas.com.br** ou **www.MinhasAulas.com.br**.

7.3 Pagamentos ou recebimentos iguais

As séries uniformes apresentam prestações iguais. São bastante comuns em operações comerciais, como financiamentos de eletroeletrônicos, financiamento imobiliário etc. Em se tratando de uma seqüência de pagamentos, sua representação genérica pode ser vista na Figura 7.1.

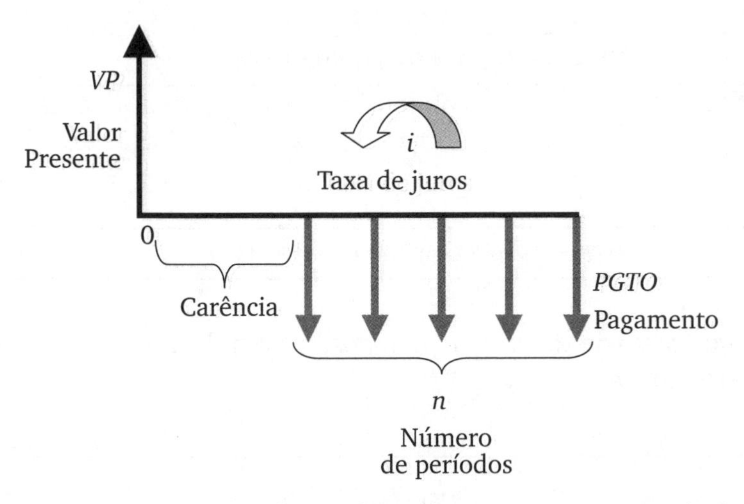

Figura 7.1 *Série uniforme de pagamentos com carência.*

Matematicamente, as séries uniformes podem ser representadas através de seu valor futuro equivalente, posicionado no último período da série, conforme descrito na fórmula seguinte:

$$\text{i) } VF = PMT\underbrace{[(1+i)^{n-1} + (1+i)^{n-2} + . + (1+i) + 1]}_{\textit{Soma de uma Progressão Geométrica}}$$

Onde:

VF = valor futuro
PMT = valor da prestação periódica
i = taxa de juros
n = número de pagamentos da série

Multiplicando ambos os termos por $(1 + i)$:

$$\text{ii) } VF(1+i) = PMT[(1+i)^n + (1+i)^{n-1} + . + (1+i)^2 + (1+i)]$$

Fazendo $ii - i$:

$$VFi = PMT[(1+i)^n - 1] \text{ ou } VF = PMT[(1+i)^n - 1]/i$$

Para séries postecipadas, sem carência: $VP = VF/(1+i)^n$. Substituindo na equação anterior, obtém-se:

$$VP = PMT[(1+i)^n - 1]/[i(1+i)^n]$$

Logo:

$$PMT = VP[i(1+i)^n]/[(1+i)^n - 1]$$

Se a série tiver carência de $m + 1$ períodos, a fórmula genérica para séries uniformes torna-se igual *a*:

$$PMT = VP.\left[\frac{i(1+i)^n}{(1+i)^n - 1}\right]\cdot(1+i)^m$$

Onde:

PMT = valor da prestação

VP = valor presente

$m + 1$ = carência até o primeiro pagamento

i = taxa da operação

De forma similar ao comentário apresentado no capítulo que aborda juros compostos, é importante observar que há algum tempo, quando não existia a fácil disponibilidade de calculadoras financeiras ou planilhas eletrônicas, ou em textos destinados ao treinamento para concursos públicos – onde o uso de recursos como calculadoras ou planilhas eletrônicas é proibido –, os cálculos com séries uniformes se baseavam em tabelas que apresentavam o fator de acumulação de capital $a_{\overline{n}|i}$, lê-se *"a de n cantoneira i"*, onde:

$$a_{\overline{n}|i} = \frac{(1+i)^n - 1}{i.(1+i)^n}$$

Uma relação de tabelas com fatores de acumulação de capital ou aplicáveis a séries compostas pode ser vista no *site* do livro: <www.MinhasAulas.com.br>.

Por exemplo, para uma série postecipada, com taxa de juros igual a 6% e 7 pagamentos, o valor do fator de acumulação **a** é igual a **5,582.**

Por exemplo, uma geladeira possui um preço a vista igual a $ 800,00, podendo ser paga em três parcelas mensais e iguais sem entrada. Sabendo que a taxa de juros praticada pela loja é igual a 5% a.m., calcule o valor da prestação a ser cobrada pela loja.

Solução: sabendo que $m = 0$ (a primeira é paga 1 período depois, como $m + 1 = 1$, $m = 0$), bastaria aplicar a fórmula:

$$PMT = VP.\left[\frac{i(1+i)^n}{(1+i)^n - 1}\right] \cdot (1+i)^m = 800 \cdot \left[\frac{0{,}05(1+0{,}05)^3}{(1+0{,}05)^3 - 1}\right] \cdot (1+0{,}05)^0 \therefore PMT = 293{,}77$$

Operações com séries postecipadas e antecipadas

Embora o modelo genérico de séries tenha sido apresentado anteriormente, as séries uniformes mais usuais são classificadas como postecipadas (quando o primeiro pagamento ocorre *um período depois;* neste caso, **m = 0**) ou antecipadas (quando o primeiro pagamento ocorre no ato; neste caso, **m = –1**).

7.4 Cálculos com séries uniformes na HP12C

A calculadora HP12C permite a realização de operações com séries uniformes com as funções de juros compostos e a tecla [PMT], que representa os pagamentos, do inglês *payments*.

O uso das funções financeiras aplicáveis às séries uniformes requer a configuração da data do primeiro pagamento ou recebimento – o que permite a classificação da série em antecipada ou postecipada.

Quando o primeiro pagamento ou recebimento ocorrer no ato do financiamento ou da aplicação, torna-se necessário ativar o indicador BEGIN no visor da calculadora através das teclas [g] [BEG]. Quando ativado, indica que a série calculada é antecipada (primeira prestação paga no ato).

Para desativar o indicador BEGIN, devem-se usar as teclas [g] [END]. Quando o BEGIN estiver desativado, a HP12C efetuará cálculos com séries postecipadas, onde o pagamento da primeira prestação é diferido.

Exemplo 1: Um aparelho eletrônico está sendo anunciado por $ 4.000,00 a vista ou em três parcelas sem entrada. Sabendo que na operação é cobrada uma taxa igual a 2% a.m., pede-se para obter o valor de cada prestação.

Solução na HP12C: Já que não existe entrada, a série é postecipada. Na calculadora: [f] [REG] 3 [n] 2 [i] 4000 [PV] [g] [END] [PMT] Visor => – 1.387,0187. O valor de cada prestação será igual a aproximadamente $ 1.387,02.

Exemplo 2: Um veículo zero quilômetro está sendo anunciado por $ 20.000,00 a vista ou em 10 parcelas com entrada. Sabendo que na operação é cobrada uma taxa igual a 1,80% a.m., pede-se obter o valor de cada prestação.

Solução na HP12C: Como existe a cobrança da entrada, a série é antecipada. Na calculadora: [f] [REG] 10 [n] 1,8 [i] 20000 [PV] [g] [BEG] [PMT] Visor => – 2.164,3375. A prestação será igual a aproximadamente $ 2.164,34.

Exemplo 3: A rede de lojas Mania Mania está anunciando a venda de um conjunto de estofados por $ 400,00 a vista ou em três parcelas mensais, iguais e sem entrada no valor de $ 150,00. Pede-se obter o valor da taxa de juros mensal cobrada pela loja.

Solução na HP12C: [f] [REG] 3 [n] 400 [PV] 150 [CHS] [PMT] [g] [END] [i] Visor => 6,1286. A taxa de juros é igual a 6,13% a.m., aproximadamente.

Exemplo 4: Um imóvel custa o equivalente a $ 40.000,00 e será financiado mediante o pagamento de parcelas mensais no valor de $ 2.216,62. Sabe-se que a taxa de juros da operação é igual a 1% a.m. e que a série é postecipada. Quantas parcelas deverão ser pagas nesse financiamento?

Solução na HP12C: [f] [REG] 1 [i] 40000 [PV] 2216,62 [CHS] [PMT] [g] [END] [n] Visor => 20,0000. A HP sempre aproxima o cálculo de *n* para o inteiro superior. Seu valor com quatro casas é igual a 19,9999. Ou seja, deverão ser pagas aproximadamente 20 parcelas mensais de $ 2.216,62.

7.5 Cálculos com séries uniformes no Excel

Além das funções apresentadas no capítulo que aborda juros compostos, o Excel disponibiliza a função PGTO, que retorna o pagamento ou recebimento de uma série uniforme.

Função PGTO: calcula o pagamento periódico de uma anuidade de acordo com pagamentos constantes e com uma taxa de juros constante. Permite operações com taxas postecipadas ou antecipadas. Sua sintaxe é do tipo: **PGTO (taxa;nper;vp;vf;tipo)**. Onde: **taxa** = taxa de juros por período; **nper** = número total de pagamentos pelo empréstimo; **vp** = valor presente total de uma série de pagamentos futuros; **vf** = valor futuro ou saldo de caixa após o último pagamento (se o valor futuro for omitido, a função assume o valor como nulo); **tipo** = corresponde ao número 0 ou 1 e indica as datas de vencimento. O tipo apresentado com o número 0 ou omitido indica que se trata de uma série postecipada. Se o tipo for representado com número igual a 1, indica operações com séries antecipadas.

	B	C	D	E	F	G	H
2	VP	N	I	VF	Tipo	PMT	Fórmula
3	200	2	0,05	0	0	(R$ 107,56)	= PGTO(D3;C3;B3;E3;F3)

Por exemplo, para encontrar o valor dos dois pagamentos mensais e iguais correspondentes a uma aquisição a prazo mediante taxa composta igual a 5% ao mês de um bem cujo valor a vista é igual a $ 200,00, basta elaborar no Excel o modelo apresentado na figura anterior. Se não existir entrada, ou seja, se a série for postecipada, o valor dos pagamentos será igual a $ 107,56.

A função PGTO permite operar tanto com séries uniformes postecipadas, como com séries antecipadas. Para isso, basta especificar o tipo de série: 0, para postecipadas, ou 1 para antecipadas.

Se no exemplo anterior as prestações fossem pagas no ato, a nova configuração do modelo pode ser vista na figura seguinte. Nessa situação, o valor das prestações será igual a $ 102,44.

	B	C	D	E	F	G	H
2	VP	N	I	VF	Tipo	PMT	Fórmula
3	200	2	0,05	0	1	(R$ 102,44)	= PGTO(D3;C3;B3;E3;F3)

Exercícios com séries uniformes

Exercício 158

Um empréstimo no valor de $ 400,00 deve ser pago em 3 parcelas mensais iguais a $ 190,00, com a primeira vencendo 30 dias após a liberação dos recursos. Qual a taxa de juros compostos mensal cobrada na operação?

Exercício 159

Um aparelho de som é anunciado com um preço a vista de $ 1.200,00 ou em três parcelas mensais iguais a $ 500,00. Calcule a taxa de juros cobrada pela loja, supondo que a primeira parcela seja paga: (a) no ato; (b) 30 dias após a compra.

Exercício 160

Um microcomputador está anunciado com preço a vista igual a $ 1.800,00. Sabe-se que a loja aceita financiar a compra em seis parcelas mensais iguais mediante a aplicação de uma taxa de juros igual a 2,3% a.m. Calcule o valor das parcelas supondo entrada: (a) no ato; (b) um mês após a compra.

Exercício 161

Em uma operação de empréstimo no valor de $ 5.300,00, um cliente pagou quatro parcelas mensais no valor de $ 1.500,00. Qual a taxa mensal vigente durante a operação?

Exercício 162

Um título negociado no mercado financeiro oferece o pagamento de 14 parcelas mensais iguais no valor de $ 3.400,00, com a primeira vencendo 30 dias após a operação. Se a taxa de juros apropriada ao risco da operação é igual a 1,8% ao mês, calcule o valor de negociação deste título hoje.

Exercício 163

Uma pessoa depositou, no final de cada mês, $ 500,00 em uma aplicação financeira. Após o sexto depósito, o saldo credor igualava-se a $ 3.154,06. Qual a taxa de juros vigente durante a operação?

Exercício 164

Carla precisará de $ 4.000,00 daqui a 2 anos. A taxa de juros que remunera suas aplicações é igual a 2,2% ao mês. Calcule o valor que ela deverá depositar mensalmente ao longo de 24 parcelas mensais, com a primeira sendo realizada hoje, de forma que ela obtenha a quantia desejada.

Exercício 165

Um imóvel está à venda por $ 40.000,00, pagos no ato, ou em parcelas mensais, postecipadas e iguais no valor de $ 8.486,34. Se a taxa de juros vigente no mercado é igual a 2% a.m., calcule o número de parcelas do financiamento do imóvel.

Exercício 166

Após o nascimento de Carolina, no início do ano, seu pai resolveu depositar, no último dia do mês de dezembro, certa quantia em dinheiro, de tal modo que ela ganhasse, ao se casar com 25 anos, um presente no valor de $ 280.000,00. Considerando uma taxa igual a 13% a.a., qual deverá ser o valor dos depósitos anuais?

Exercício 167

Uma debênture foi emitida com um valor de resgate de $ 400.000,00, no final de oito anos, além de oito pagamentos de juros anuais sob a forma de cupons no valor de $ 16.000,00. No regime de juros compostos, pede-se para determinar: (a) o preço de venda para que o comprador do título tenha uma remuneração efetiva de 12% ao ano até seu vencimento; (b) o preço de venda para que o comprador do título tenha uma remuneração efetiva de 16% ao ano até seu vencimento.

Exercício 168

Uma aplicação mensal de $ 300,00 em caderneta de poupança durante 14 meses seguidos permitiu realizar um resgate de $ 6.000,00, imediatamente após o último depósito. Pede-se calcular a taxa de juros mensal dessa aplicação.

Exercício 169

A Transportadora Tartaruga Veloz Ltda. contratou uma operação de financiamento com prazo igual a 24 meses e taxa de juros igual a 2% a.m., além da correção monetária calculada pela variação do IGP-M. Considere a série postecipada e calcule o valor da prestação, sabendo-se que o valor do bem financiado é igual a $ 120.000,00 e que foi paga uma entrada igual a 2% do valor financiado.

Exercício 170

Nilo completou hoje exatos 30 anos. Sabendo-se que, ao se aposentar com 65 anos, ele gostaria de ter um pé-de-meia no valor de $ 500.000,00, calcule quanto nosso amigo deveria poupar mensalmente em uma caderneta de poupança que rende 0,8% ao mês. Suponha que a poupança mensal inicie dentro de um mês.

Exercício 171

O ganhador do último sorteio realizado no programa do Gavião receberá mensalmente $ 2.000,00 do patrocinador do programa durante 16 meses. Qual o valor do prêmio na data do sorteio, considerando a taxa de juro de 2% ao mês? O primeiro pagamento ocorrerá 30 dias após o sorteio.

Exercício 172

A Fábrica de Trembeleques realizou uma compra para ser faturada em 30, 60 e 90 dias corridos. Cada parcela possui um valor de $ 14.000,00. Pede-se: (a) Se o custo do dinheiro é igual a 2,80% a.m., qual deveria ser o valor justo da compra para pagamento a vista? (b) Se a taxa fosse igual a 5% a.m., quantas parcelas mensais postecipadas de $ 21.379,53 seriam cobradas? Verifique a resposta.

Exercício 173

Mensalmente, foram aplicados $ 580,00 em um fundo de investimento financeiro, durante 36 meses, fornecendo, ao final, um saldo acumulado no valor de $ 45.007,02. Qual a taxa de juros mensal desse fundo? O saldo foi obtido imediatamente após o último depósito.

Exercício 174

Um veleiro no valor de $ 25.000,00 pode ser financiado em 10 parcelas iguais de $ 3.250,00. Qual a taxa mensal de juros da operação, supondo-se pagamento ao final de cada mês?

Exercício 175

Uma máquina de lavar pode ser paga a vista por $ 1.400,00, ou em 5 parcelas mensais postecipadas de $ 340,00. Qual taxa mensal de juros compostos cobrada?

Exercício 176

Lígia comprou uma nova impressora cujo preço a vista era igual a $ 1.400,00. Como não possuía esse montante, resolveu pagar a prazo, através de um plano de 5 prestações mensais iguais e consecutivas, sem entrada, a juros de 2% a.m. Qual o valor das mensalidades?

Exercício 177

Uma dívida no valor de $ 140.000,00 pode ser paga em 8 parcelas iguais, vencendo a primeira daqui a um mês. Supondo-se uma taxa de juros de 3% a.m., calcule o valor das parcelas.

Exercício 178

Um investidor efetuou 18 depósitos mensais de $ 1.000,00 numa instituição financeira e verificou que o saldo a sua disposição, imediatamente após a efetivação de seu último depósito, era de $ 21.412,31. Determine a taxa de remuneração mensal desses depósitos, no regime de juros compostos.

Exercício 179

Uma escrivaninha pode ser comprada em 36 prestações mensais de $ 50,00, com entrada. Seu preço a vista é de $ 900,00. Qual a taxa mensal cobrada pelo comerciante?

Exercício 180

Um conjunto de equipamentos de ginástica está à venda por $ 4.050,00, sendo $ 1.000,00 de entrada e 5 parcelas de $ 700,00 por mês, aparentemente "sem juros". Discutindo a compra, constatou-se que o pagamento a vista mereceria um desconto de 10%. Qual taxa de juros está realmente sendo cobrada?

Exercício 181

A empresa Frios Gelados Ltda. ingressou na Justiça, movendo ação de perdas e danos. Porém, se essa causa for perdida, a empresa terá que pagar, em 48 horas, a importância de $ 208.000,00, em moeda de hoje. Como prevenção, a empresa resolveu depositar mensalmente, iniciando hoje, certa quantia em um Fundo de Investimentos, que rende 2% a.m. Sabendo que esse processo demorará no mínimo 2 anos e quatro meses, quanto a empresa deverá depositar mensalmente no Fundo?

Exercício 182

A Companhia das Nuvens de Algodão S.A. estima que terá encargos com aposentadorias complementares de funcionários no valor de $ 180.000,00 por ano durante o término dos próximos 15 anos. Se a empresa puder investir num título livre de risco que oferte uma taxa de juro anual de 18%, quanto a empresa deverá investir para conseguir efetuar o pagamento programado?

Exercício 183

Daqui a 30 anos, José Emílio gostaria de se aposentar. Sua situação atual permite que ele disponha de $ 600,00 por mês, iniciando daqui a 30 dias, para formar um fundo de pensão, complementar à aposentadoria oficial. Qual o valor que ele terá conseguido acumular quando completar 30 anos de depósitos mensais, considerando a taxa de juro de 1,20% ao mês?

Exercício 184

Continuando com o exercício anterior. Supondo que um mês após ter conseguido formar o fundo, considerando uma nova taxa de juros compostos igual a 0,80% ao mês, quanto tempo necessitará para esgotar o fundo formado realizando retiradas mensais de: (a) $ 30.000,00; (b) $ 40.000,00?

Exercício 185

Antônio José aplicou hoje $ 19.000,00 em uma caderneta de poupança da Caixa Econômica Estadual que costuma pagar juros de 1,8% a.m. Para poder retirar esse valor em 16 parcelas iguais, com a primeira começando um mês após o depósito inicial, de quanto deverá ser o valor do saque mensal?

Exercício 186

Janaína depositou mensalmente a quantia de $ 700,00 numa caderneta de poupança, à taxa de 2% ao mês. Os depósitos foram feitos no último dia útil de cada mês e o juro foi pago no primeiro dia útil de cada mês, incidindo sobre o montante do início do mês anterior. O primeiro depósito foi feito em 31 de janeiro e não foram feitas retiradas de capital. Qual o montante em 1º de setembro do mesmo ano?

Exercício 187

Alzira está analisando a compra de uma nova casa. O vendedor lhe pediu $ 70.000,00 em 7 pagamentos anuais com taxa de juro de 12% ao ano, sendo a primeira prestação paga no ato da compra. Qual o valor das prestações anuais?

Exercício 188

Em relação ao Exercício 187, suponha que Alzira não tenha todo o valor da primeira parcela. Nesse caso, ela está querendo propor ao vendedor duas alternativas: (a) Pagar a compra da casa em 72 prestações mensais iguais, sendo a primeira prestação paga no ato da compra. (b) Dar 10% do valor da casa de entrada e pagar o restante da dívida em 60 prestações mensais iguais, sendo a primeira prestação paga um mês após a data da compra. Pede-se calcular os valores das prestações considerando uma taxa de juro igual a 12% ao ano.

Exercício 189

Cristina planeja comprar um novo automóvel no valor de $ 20.000,00, propondo-se a pagar dez parcelas mensais iguais, mediante a aplicação de uma taxa de juros igual a 1,40% a.m. No entanto, deseja que a primeira parcela somente seja paga cinco meses após a compra. Qual o valor da parcela que Cristina deverá pagar?

Exercício 190

Uma instituição financeira cobra sete parcelas mensais no valor de $ 500,00 por um financiamento de um equipamento industrial no valor de $ 2.800,00. Qual a taxa de juros anual cobrada pela instituição? Suponha série antecipada.

Exercício 191

A Empresa Financeira Trambiques e Picaretas Ltda. diz que cobra uma taxa de juros mensal igual a 4,0% a.m. nas operações de financiamento que costuma realizar com prazo de seis meses. Contudo, a empresa sempre costuma "enrolar" o cliente, postergando a liberação dos recursos após a assinatura dos financiamentos. Por quantos dias a empresa precisa "enganar" o cliente, de forma a obter a rentabilidade desejada? Com a "enrolação", a empresa espera obter uma rentabilidade igual a 4,10% a.m.

Exercício 192

A Companhia do Sol Nascente assumiu um financiamento no valor de $ 700.000,00, que deve ser liquidado num prazo de oito anos. A primeira prestação tem valor de $ 250.000,00 e seu pagamento deve ocorrer no final do 1º ano. As outras sete prestações anuais são iguais, e devem ser pagas nos anos subseqüentes. Determine o valor dessas prestações, sabendo que a taxa efetiva de juros desse financiamento é igual a 22% a.a.

Exercício 193

Imediatamente após o pagamento da 18ª prestação quinzenal no valor de $ 800,00, Pedro dispõe de $ 23.000,00. Qual a taxa mensal que remunerou as aplicações de Pedro?

Exercício 194

Um banco comercial que opera no regime de juros compostos, com uma taxa efetiva de 3,8% ao mês, oferece a seus clientes os seguintes planos de financiamento: (a) "Plano Mensal": 24 prestações mensais, iguais e sucessivas, com pagamento da 1ª prestação 30 dias após a data da operação; (b) "Plano Semestral": quatro prestações semestrais, iguais e sucessivas, com pagamento da 1ª prestação 180 dias após a data da operação. Um cliente desse banco deseja tomar um financiamento imobiliário no valor de $ 150.000,00. A operação deve ser paga em parte pelo "Plano Mensal", em parte pelo "Plano Semestral". Pede-se determinar as parcelas que devem ser financiadas em cada plano para que o valor da prestação do "Plano Semestral" seja igual ao valor da prestação do "Plano Mensal".

Exercício 195

Pedro financiou seu apartamento através do pagamento de 36 parcelas mensais no valor de $ 3.000,00. No entanto, após enfrentar algumas dificuldades financeiras, antes de pagar a 1ª prestação, ele solicitou que o valor da prestação fosse dividido à metade. Quantas novas prestações ele deverá ter que pagar? Sabe-se que a taxa de juros em vigor no mercado é igual a 1% ao mês.

Exercício 196

Quanto Manoel deve depositar mensalmente em uma caderneta de poupança para formar um valor futuro de $ 30.000,00 no final de 2 anos, considerando uma taxa de juros de 30% ao ano?

Exercício 197

Um empresário tomou um empréstimo de $ 200.000,00 para ser pago em 24 prestações mensais, iguais, sucessivas e postecipadas, a uma taxa de 1,8% ao mês, no regime de juros compostos. No entanto, enfrentando dificuldades financeiras, ele solicitou um refinanciamento de seu saldo devedor (ou seja, do principal remanescente), imediatamente após o pagamento da oitava prestação mensal. Esse saldo devedor foi então refinanciado em 24 prestações mensais adicionais, todas de mesmo valor, a serem pagas a partir do final do nono mês. Determine o valor dessa nova prestação mensal, para que a taxa mensal de 1,8% ao mês seja mantida ao longo do prazo conjunto das duas operações.

Exercício 198

Segundo uma revista de grande circulação nacional, em um empréstimo pessoal de $ 20.000,00, pago em 6 parcelas mensais iguais, o cliente pagava $ 23.343,71 no total. Agora vai pagar "apenas" $ 22.978,19. Calcule a diferença percentual das taxas de juros.

Exercício 199

Um investidor fez uma aplicação de $ 220.000,00 para ser resgatada em duas parcelas de mesmo valor, pagas no final do quarto e do oitavo mês, a partir da data da aplicação. Determine o valor dessas parcelas para que o investidor receba uma rentabilidade de 2,3% ao mês, no regime de juros compostos.

Exercício 200

Valnei decidiu pedir um empréstimo bancário de 180 mil reais para compra de um novo imóvel. No banco, fizeram-lhe a seguinte proposta: pagar mensalmente uma prestação constante durante 20 anos à taxa anual de 18%. Valnei concordou sem antes perguntar se esta era uma taxa anual efetiva ou com capitalização mensal. (a) Calcule a prestação mensal no caso de 18% ser a taxa anual efetiva; (b) Calcule a prestação, supondo 18% a.a., com capitalização mensal.

Exercício 201

Ana Rita deseja vender um terreno de sua propriedade por $ 300 mil a vista. Porém, após muito negociar, concorda em parcelar 30% do valor em um ano, mediante taxa de juros igual a 3,00% a.m. Dois planos de pagamentos foram propostos: (a) um plano com 12 prestações mensais de $ 8 mil e mais 4 parcelas trimestrais iguais; (b) outro plano com 2 parcelas semestrais de $ 15 mil mais 12 prestações mensais iguais. Todas as séries são postecipadas. Quais os valores das parcelas nos dois planos de financiamento?

Exercício 202

Pede-se determinar o montante acumulado em determinada aplicação financeira no fim do prazo, caso sejam realizados 13 depósitos de $ 1.500,00 no início de cada ano. A taxa de juros anual é estimada em 21% a.a.

Exercício 203

O Banco das Moedas realiza suas operações de crédito com uma taxa efetiva de 2,4% ao mês, a juros compostos. Suas operações são sempre realizadas com uma taxa postecipada de 2% ao mês, e a taxa efetiva de 2,4% ao mês é alcançada através de uma taxa antecipada (em porcentagem do valor do principal financiado), cobrada de uma só vez, por ocasião da liberação dos recursos do financiamento. Determine o valor do percentual que deve ser cobrado antecipadamente, nas seguintes hipóteses: (a) financiamento será liquidado de uma só vez, no final do nono mês após a liberação dos recursos; (b) financiamento será liquidado em 9 prestações mensais, iguais e sucessivas, a partir do final do primeiro mês da data da liberação dos recursos.

Exercício 204

Uma dívida deve ser liquidada com 15 prestações trimestrais de $ 3.000,00. Sabe-se que os juros cobrados nesse financiamento correspondem a 2,8% ao trimestre, no regime de juros compostos. Sabendo que a 1ª prestação ocorre 90 dias após a liberação dos recursos, determine o valor do pagamento único no final do 10º trimestre, que liquidaria essa dívida.

Exercício 205

Augusto efetuou 3 depósitos de mesmo valor, no final de janeiro, de março, e de maio, num banco que remunera seus depósitos a juros compostos, com uma taxa efetiva de 2,4% ao mês. No final de dezembro, o total acumulado por esse investidor, com esses depósitos, é $ 80.000,00. Determine o valor dos depósitos mensais, assumindo-se mês com 30 dias.

Exercício 206

Um banco de investimentos opera com uma taxa de 24% ao ano, capitalizados mensalmente, no regime de juros compostos. Um cliente tomou um financiamento que deve ser liquidado em 12 prestações mensais, a 1ª delas vencendo 30 dias após a liberação dos recursos. Determine o principal desse financiamento sabendo-se que as 6 primeiras prestações têm valor de $ 6.000,00 e as últimas 6, de $ 8.000,00.

Exercício 207

Após analisar seu orçamento, Mila verificou que disporá de $ 190,00 por mês a partir dos próximos 30 dias para pagar a compra de uma geladeira nova, cujo preço a vista era igual a $ 1.200,00. Pede-se calcular o número de prestações mensais postecipadas que ela deverá pagar considerando as seguintes taxas de financiamento: (a) 1,80% a.m.; (b) 2,20% a.m.; (c) 2,50% a.m.

Exercício 208

Pede-se repetir o exercício anterior considerando prestações mensais antecipadas:

Exercício 209

O Banco do Dinheiro Limpo oferece financiamentos de 36 meses e deseja que todos os seus planos de financiamento sejam equivalentes, no regime de juros compostos, com uma taxa efetiva de 3,2% a.m. Considerando um principal de $ 40.000,00 e séries postecipadas, pede-se determinar os valores das parcelas dos seguintes planos de financiamento: (a) 36 prestações mensais; (b) 36 prestações mensais de $ 800,00, mais 6 prestações semestrais iguais; (c) 6 prestações semestrais de $ 2.500,00, mais 36 prestações mensais iguais; (d) 36 prestações mensais de $ 900,00, mais duas parcelas intermediárias iguais, sendo a primeira no final do nono mês e a segunda no final do 18º mês.

Exercício 210

Carolina deseja comprar um novo apartamento. Para isso, deseja contratar um financiamento de $ 200.000,00. Sabe-se que a operação deve ser liquidada no prazo de 12 meses e a uma taxa efetiva de 1,5% ao mês, no regime de juros compostos. Pede-se determinar os valores dos seguintes planos equivalentes para a liquidação desse financiamento:

Plano 1: valor da prestação mensal, sabendo-se que o primeiro pagamento ocorre um mês após a liberação do financiamento;

Plano 2: novo valor dessa prestação, no caso de haver pagamento de 2 parcelas intermediárias de $ 20.000,00, sendo a primeira no final do terceiro mês e a segunda no final do sexto mês. Considere que nesses meses são efetuados os pagamentos da parcela intermediária de $ 20.000,00 e também da prestação mensal correspondente;

Plano 3: novo valor dessa prestação, no caso de haver pagamento de duas parcelas intermediárias de $ 20.000,00, sendo a primeira no final do quarto mês e a segunda no final do sétimo mês. Considere que nesses meses são efetuados apenas os pagamentos da parcela intermediária de $ 20.000,00, não havendo o pagamento da prestação mensal.

Exercício 211

A imobiliária Boa Morada do Campo vende um imóvel por $ 80.000,00, e oferece a seu cliente um financiamento com um prazo de 12 meses e a uma taxa efetiva de juros de 1,5% a.m., no regime de juros compostos. O financiamento deve ser liquidado com 12 pagamentos mensais iguais, mais duas parcelas intermediárias semestrais de mesmo valor. Determine os valores da prestação mensal e das parcelas semestrais, sabendo-se que o valor de cada parcela semestral corresponde a três vezes o valor da prestação mensal.

Exercício 212

Um financiamento cujo principal é $ 80.000,00 deve ser liquidado por meio de 12 prestações mensais, a serem pagas a partir de 30 dias após a liberação dos recursos. As 6 primeiras prestações são iguais a $ 9.000,00 e as 6 últimas prestações também devem ter valores iguais. Determine o valor destas últimas seis prestações para que a taxa efetiva de juros desse financiamento seja igual a 3% a.m., no regime de juros compostos.

Exercício 213

O banco de investimentos Ômega realiza suas operações de crédito com uma taxa efetiva de 2,8% a.m., a juros compostos. Suas operações são sempre realizadas com uma taxa postecipada, conforme anúncios de publicidade da empresa igual a 2% a.m. Porém, a taxa efetiva de 2,8% a.m. somente é alcançada através de uma taxa antecipada (em porcentagem do valor do principal financiado), cobrada de uma só vez, por ocasião da liberação dos recursos do financiamento e a título de tarifa de abertura de crédito. Determinar o valor do percentual que deve ser cobrado antecipadamente, considerando que: (a) o financiamento somente será liquidado de uma só vez, no final do sexto mês após a liberação dos recursos; (b) o financiamento será liquidado em 6 prestações mensais, iguais e sucessivas, a partir do final do primeiro mês da data da liberação dos recursos.

Exercício 214

Um financiamento de um equipamento industrial no valor de $ 330.000,00 deve ser liquidado no prazo de 12 meses e a uma taxa efetiva de 3,1% ao mês, no regime de juros compostos. Determine os valores dos seguintes planos equivalentes para a liquidação desse financiamento: (a) valor da prestação mensal, sabendo-se que o 1º pagamento ocorre 1 mês após a liberação do financiamento; (b) novo valor dessa prestação, no caso de haver pagamento de 2 parcelas intermediárias de $ 70.000,00, sendo a primeira no final do terceiro mês e a segunda no final do sexto mês. Considere que nesses meses são efetuados os pagamentos da parcela intermediária e, também, da prestação mensal correspondente.

Exercício 215

Melina assumiu um financiamento, cujo valor do principal é de $ 45.000,00. A dívida deve ser liquidada através de 9 prestações mensais, que ocorrem a partir do 30º dia da liberação do principal. As três primeiras são iguais a $ 6.000,00, e as 3 prestações seguintes são iguais a $ 7.000,00. As últimas três prestações também deverão ter valores iguais. Determine o valor dessas últimas 3 prestações, sabendo-se que a taxa efetiva de juros desse financiamento é 2% ao mês.

Exercício 216

Se um financiamento no valor de $ 50.000,00 foi realizado a uma taxa de juro composto igual a 3,5% ao mês, qual o valor das 12 prestações postecipadas **bimestrais** iguais e seguidas?

Exercício 217

Um estudante recebeu uma bolsa de estudos mensal, durante os 5 anos de faculdade, para ser paga logo após esse prazo. Pede-se: (a) Se o valor da bolsa recebida durante o curso foi igual a $ 800,00 por mês, calcule o valor de cada uma das 36 parcelas de ressarcimento da bolsa, considerando uma taxa de juros igual a 0,85% a.m. (b) Se o ressarcimento fosse feito em 60 parcelas mensais iguais, a uma taxa igual a 0,65% a.m., qual o valor das novas parcelas?

Exercício 218

A Abutre e Urubu Financeira Ltda. diz que cobra a menor taxa de juros do mercado, "apenas 3,5% ao mês". Um potencial cliente verificou que a taxa de juros compostos aplicada para calcular os seis pagamentos mensais de um empréstimo no valor de $ 10.000,00 foi, de fato, a anunciada. No entanto, a empresa deduz do valor que seria liberado do empréstimo 3% a título de tarifas de abertura e $ 100,00 em decorrência de "registro no sistema". Qual a verdadeira taxa cobrada?

Exercício 219

Um caminhoneiro autônomo pensa em comprar um novo veículo por $ 25.000,00. Imagina utilizá-lo durante 2 anos e meio e depois vendê-lo por $ 8.000,00. Sabe-se que o custo de manutenção mensal do veículo é da ordem de $ 1.600,00 e a taxa de juros vigente para a operação é igual a 2% a.m. A fim de tornar esse investimento compensador, pede-se calcular: (a) Qual deve ser o lucro mensal? (b) Qual deve ser a receita mínima mensal?

Exercício 220

O Banco da Caridade, instituição sem fins lucrativos, emprestou uma importância de $ 200.000,00 para um orfanato mediante uma taxa igual a 6% a.a. O plano de pagamento estabelecido foi o sistema americano com 3 anos de carência. Pede-se verificar se a taxa de juros cobrada pelo Banco da Caridade foi de fato igual a 6% a.a. e qual deveria ser o valor do principal liberado para que a taxa fosse de 6% a.a. Deve-se considerar: (a) Durante os primeiros 3 anos não seria feito qualquer pagamento; (b) no fim de cada ano, a contar do 4º até o 15º, ambos inclusive, seria pago o valor de $ 12.000,00 (o que representaria juros de 6% a.a.); (c) no fim do 15º ano, seriam pagos $ 200.000,00.

Exercício 221

No dia do nascimento de Gabriel, seu pai, preocupado com seus estudos universitários, resolveu estabelecer um fundo-educação. Depositaria anualmente certa quantia a partir do 1º aniversário até o 18º, de modo a poder retirar do fundo $ 8.000,00 no 18º, 19º, 20º, 21º e 22º aniversários. Se a taxa de rentabilidade do fundo é estimada em 16% a.a., quanto deverá ser o depósito anual?

Exercício 222

Um fundo de capital de risco emprestou $ 25.000,00 para ser pago em 35 parcelas mensais de $ 1.000,00 no fim de cada mês. Quais as taxas de juros mensal, anual nominal (com capitalização mensal) e anual efetiva cobradas?

Exercício 223

Bianca deseja depositar uma certa importância no quinto aniversário de seu sobrinho de modo a fornecer-lhe $ 2.000,00 em cada aniversário, do 18º ao 23º, num total de 6 retiradas iguais. Se a taxa efetiva que remunera suas aplicações é igual a 19% a.a., de quanto deverá ser o depósito no 5º aniversário?

Exercício 224

Um imóvel está sendo vendido atualmente por $ 120.000,00. Porém, o vendedor aceita uma "chorada" no preço. A propriedade consiste em um prédio de dois pavimentos localizados em um bairro comercial da pequena cidade de Guaravatuba. O prédio contém duas lojas no andar térreo e vários escritórios no primeiro andar. Um candidato a comprador estima que, se comprar essa propriedade, permanecerá com ela por 10 anos. A renda provável total anual do aluguel durante esse período será de $ 23.000,00, e os custos totais anuais de manutenção do imóvel, o que inclui reparos, impostos, taxas, seguro etc., serão iguais a $ 3.500,00. O imóvel poderá ser vendido por $ 30.000,00 após os 10 anos. Para o comprador, sabe-se que a taxa de retorno atrativa mínima é igual a 14% a.a. Com base nessas previsões, qual o maior preço que pode ser pago por essa propriedade?

Exercício 225

Uma instituição bancária colocou um ativo financeiro à venda. Este título costuma efetuar pagamentos anuais no valor de $ 4.000,00. Ainda são devidos 8 pagamentos, o primeiro dos quais daqui a 1 ano. Quanto um investidor deverá pagar por esse papel se quiser obter uma rentabilidade efetiva de: (a) 12% a.a.; (b) 14% a.a.; (c) 16% a.a.?

Exercício 226

A Indústria Reluzente Ltda. possui um contrato que lhe dá o direito exclusivo de fabricação de certo produto patenteado. De acordo com o contrato, a empresa paga $ 15.000,00 por ano ao inventor e mais $ 0,60 por unidade produzida. O inventor está oferecendo sua patente, que tem ainda 15 anos de validade, por um preço de $ 260.000,00. Se a taxa de retorno mínima atrativa da indústria é igual a 14% a.a., qual deverá ser a produção anual desse produto para os próximos 15 anos, de modo a tornar a compra da patente um bom investimento para a empresa, ao invés de continuar com o contrato com o inventor? Considere as séries postecipadas.

Exercício 227

Um lote de terra está à venda por $ 7.000,00, sendo $ 1.000,00 de entrada e 4 parcelas mensais no valor de $ 1.500,00, "sem juros". Discutindo a compra, constatou-se que o preço a vista era de $ 6.000,00. (a) Pede-se calcular qual a taxa de juros que está realmente sendo cobrada. (b) Sabendo que, apenas na hipótese do fechamento do negócio a prazo, haveria um gasto adicional no valor de $ 200,00, a título de "despesas legais" e pago com a última parcela, recalcule a taxa de juros. Efetue todas as análises sob o ponto de vista do financiador.

Exercício 228

Marcelino planeja colocar $ 1.700,00 em uma conta bancária no final de cada um dos próximos 48 meses. Sabendo que a instituição financeira costuma remunerar esse investimento mediante uma taxa de juros igual a 12% ao ano, quanto ele terá imediatamente após o último depósito?

Exercício 229

Uma imobiliária está anunciando a venda de um apartamento de dois quartos em uma região central da cidade. O valor do apartamento é igual a $ 80.000,00, caso pago a vista. Caso seja financiado, a empresa vendedora propõe-se a dividir o pagamento em três partes, com pagamentos postecipados e superpostos: (I) primeira parte paga a vista, no valor de 10% do bem; (II) segunda parte paga em 48 prestações mensais, que correspondem a 60% do valor do bem; (III) terceira parte em 8 prestações semestrais. A taxa de juros vigente para operações desse tipo é igual a 2% a.m. Pede-se obter o valor da prestação paga em cada uma das partes do financiamento.

Exercício 230

Em um prazo igual a 14 anos, Hugo precisará ter $ 180.000,00. Considerando uma taxa de juro igual a 19% ao ano, pede-se: (a) Qual o valor das prestações anuais antecipadas que ele precisará poupar para ter a quantia desejada? (b) Qual o novo valor das prestações *mensais* antecipadas, considerando uma nova taxa de juro igual a 22% a.a.? (c) Quanto deveria depositar na data 0 para que as prestações mensais da letra *b* fossem iguais a $ 150,00?

Exercício 231

A Comercial de Automóveis Enrolando o Sabido diz que cobra uma "taxa de juros igual a 14%" nas operações que realiza com prazo de um ano. Ao comprar um veículo, o cliente pode pagá-lo em 12 "suaves" prestações mensais sem entrada. Para calcular o valor da prestação, a loja acrescenta a taxa de juros, igual a 14%, ao preço do automóvel, posteriormente dividindo o valor pelos 12 meses. Qual a taxa efetiva anual de juros cobrada pelo estabelecimento?

Exercício 232

A Loja de Lustres Iluminada está realizando uma "promoção" com venda a prazo em quatro parcelas sem entrada e sem juros. Porém, se o cliente optar por pagar a vista, receberá um desconto extraordinário no valor de 14%. Qual a taxa de juros mensal cobrada pela loja?

Exercício 233

A Loja Cispita Confecções deseja ganhar 3% a.m. nas operações de venda a prazo que realiza. Qual o desconto que pode dar nas compras pagas no ato, se a empresa costuma divulgar que vende seus produtos em 1 + 4 parcelas sem juros?

Exercício 234

Você tem $ 16.000,00 para investir durante 180 dias e decidiu realizar essa operação em renda fixa com taxa de juro mínima de 2,50% a.m. A instituição financeira propõe devolver esse investimento em 6 parcelas iguais a $ 2.700,00, vencendo a primeira a 30 dias da data do investimento e as 5 restantes a cada 30 dias. De acordo com suas premissas, essa proposta deve ser aceita?

Exercício 235

Pede-se para calcular o valor presente de uma anuidade no valor de $ 4.200,00, que começará a ser paga no final do ano 5 e que decorrerá durante 16 anos. Sabe-se que a taxa de juro de mercado é igual a 22% do ano 1 ao ano 5 e de 24% nos anos seguintes.

Exercício 236

Você precisará de $ 150.000,00 para comprar uma Ferrari daqui a 4 anos. Para atingir esse objetivo, planeja, igualmente, fazer quatro depósitos iguais no início de cada ano em uma conta corrente remunerada que paga uma taxa de juro anual igual a 18%. (a) Qual o valor dos quatro depósitos anuais, que se iniciam hoje? (b) Recentemente, você soube que um parente milionário morreu e lhe deixou uma herança no valor de $ 28.000,00. Nessa nova situação, qual o novo valor dos depósitos anuais necessários para alcançar seu objetivo?

Exercício 237

O Banco de Madeira oferece financiamentos imobiliários com prazos sempre iguais a 24 meses. Obviamente, a instituição deseja que todos os seus planos de financiamento sejam equivalentes, no regime de juros compostos, com uma taxa efetiva de 1,60% ao mês. Todas as séries são postecipadas. Considere um principal financiado no valor de $ 165.000,00 e determine os valores das parcelas dos seguintes planos de financiamento: (a) Plano A: 24 prestações mensais; (b) Plano B: 24 prestações mensais de $ 7.000,00, mais 4 prestações semestrais iguais; (c) Plano C: 4 prestações semestrais de $ 20.000,00, mais 24 prestações mensais iguais; (d) Plano D: 24 prestações mensais de $ 5.000,00, mais 2 parcelas intermediárias iguais, sendo a 1ª no final do 8º mês e a 2ª no final do 16º mês.

AVISO AOS PROFESSORES!

Outros importantes recursos complementares como *slides*, exercícios eletrônicos no Excel, tabelas e textos complementares para as aulas podem ser acessados no *site* do livro (<**www.MinhasAulas.com.br**>) ou da Editora Atlas (<**www.EditoraAtlas.com.br**>). Caso prefira, solicite o CD do professor ao seu representante da Editora Atlas ou envie um *e-mail* com a solicitação para atendimento@editora-atlas.com.br ou albruni@minhasaulas.com.br.

8

Sistemas de Amortização

"Se me falas, eu esqueço, se me ensinas,

eu lembro, se me envolves, eu aprendo."

Benjamin Franklin

8.1 Objetivos do capítulo

Os sistemas de amortização, como o próprio nome já revela, representam as diferentes sistemáticas disponíveis para o cálculo de juros e amortizações em séries financeiras.

Este capítulo possui o objetivo de apresentar três dos mais usuais sistemas de amortização: o sistema de amortizações constantes, o sistema de prestações constantes e o sistema americano.

8.2 Montantes, juros e amortizações

As classificações dos sistemas de amortização são usualmente feitas com base na forma de cálculo das anuidades. Geralmente, os sistemas podem ser de três tipos principais: de amortizações constantes (SAC), de prestações constantes (francês ou Price) ou americano.

No sistema de amortizações constantes, ou, simplesmente, SAC, as amortizações são uniformes e o pagamento de juros decai com o tempo. Logo, as prestações são decrescentes.

No sistema de prestações constantes, também denominado sistema francês ou Tabela Price, as prestações são constantes, ou seja, as séries são sempre uniformes. Assim, o pagamento dos juros é decrescente enquanto as amortizações do principal são crescentes.

No sistema americano, os juros são pagos periodicamente, sendo o principal quitado apenas no final da operação. Alguns ativos financeiros, como os *bonds* (títulos de dívida pública ou corporativa) ou as debêntures, empregam esse sistema na determinação do ressarcimento dos juros e da quitação do principal.

8.3 Amortizações constantes

No sistema de amortizações constantes, a dívida assumida (*VP*) é quitada em *n* parcelas, em que o valor de cada amortização é igual ao valor presente dividido pelo número de parcelas (*VP/n*). Os juros incidentes sobre o saldo devedor são quitados juntamente com a amortização do principal. Assim, como o saldo devedor decresce e o pagamento de juros também, as parcelas pagas são decrescentes.

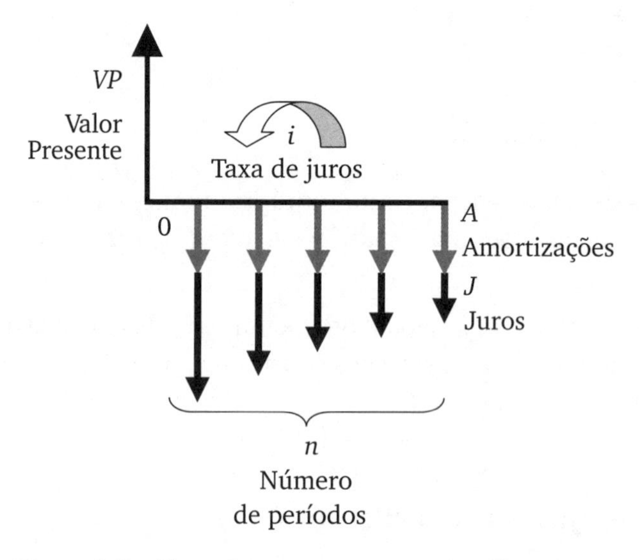

Figura 8.1 *Financiamento com amortizações constantes.*

Por exemplo, a Fiel Transportes Ltda. contratou um empréstimo no valor de $ 60.000,00, que deve ser quitado mediante o emprego do sistema de amortizações constantes em três parcelas anuais iguais. Se a taxa de juros vigente na operação for igual a 10% a.a., pede-se calcular o valor de cada um dos pagamentos, destacando juros e amortização do principal.

Para compor as planilhas referentes aos pagamentos de amortizações e juros, é preciso empregar algum gabarito padrão, que facilite a apresentação dos cálculos e valores obtidos. Um exemplo está apresentado a seguir. O saldo inicial da operação de empréstimo recebido pela empresa está apresentado e é igual a $ 60.000,00.

Período *N*	Saldo Inicial	Pagamento			Saldo Final
		Juros	Amortização	Total	
1	60.000,00				
2					
3					

O segundo passo na composição de planilhas SAC envolve a determinação das amortizações. Como o sistema envolve amortizações constantes, se a dívida é igual a $ 60.000,00 e será quitada em três parcelas com amortizações iguais, cada amortização será igual a $ 20.000,00. Preenchendo esse valor no gabarito anterior, chega-se a:

Período *N*	Saldo Inicial	Pagamento			Saldo Final
		Juros	Amortização	Total	
1	60.000,00		(20.000,00)		
2			(20.000,00)		
3			(20.000,00)		

Com as amortizações calculadas, é possível obter os saldos finais, que correspondem aos saldos iniciais dos períodos imediatamente posteriores.

Período *N*	Saldo Inicial	Pagamento			Saldo Final
		Juros	Amortização	Total	
1	60.000,00		(20.000,00)		40.000,00
2	40.000,00		(20.000,00)		20.000,00
3	20.000,00		(20.000,00)		–

Com os saldos iniciais calculados e sabendo que os juros devidos são integralmente pagos, é possível finalizar a composição da tabela. No caso, sabe-se que os juros devidos são iguais à taxa da operação multiplicada pelo saldo inicial.

Período N	Saldo Inicial	Pagamento			Saldo Final
		Juros	Amortização	Total	
1	60.000,00	(6.000,00)	(20.000,00)	(26.000,00)	40.000,00
2	40.000,00	(4.000,00)	(20.000,00)	(24.000,00)	20.000,00
3	20.000,00	(2.000,00)	(20.000,00)	(22.000,00)	–

Conforme exibido na tabela anterior, no sistema de amortizações constantes o valor dos pagamentos feitos decai com o tempo.

8.4 Prestações constantes

No sistema de prestações constantes, também denominado sistema francês, a dívida é resgatada ou quitada mediante uma série de n pagamentos periódicos iguais. Quando as prestações são mensais e a taxa apresentada é anual com capitalização mensal, o sistema francês recebe o nome de Tabela Price (embora genericamente o sistema francês seja chamado de Tabela Price, independentemente de apresentar taxa nominal). Essa metodologia corresponde às séries uniformes postecipadas já estudadas anteriormente.

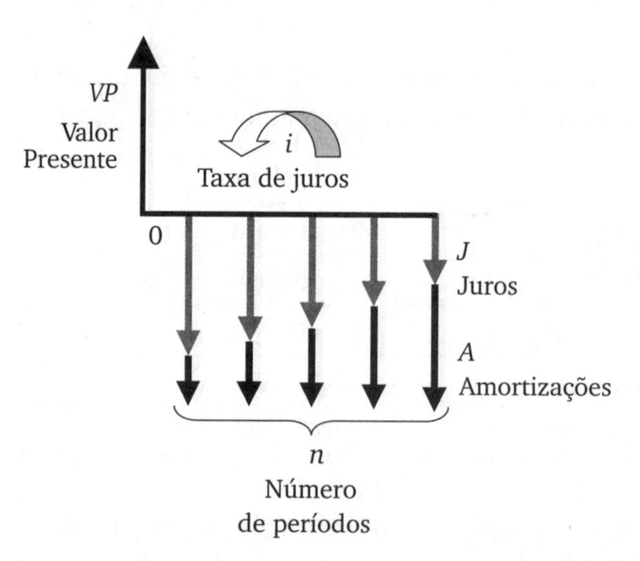

Figura 8.2 *Financiamento com prestações constantes.*

De forma similar aos procedimentos adotados no sistema de amortizações constantes, a construção das Tabelas Price deve apresentar os valores das prestações, discriminando a amortização do principal e o pagamento dos juros.

Empregando o mesmo exemplo anterior, porém considerando que as prestações serão constantes, é preciso elaborar o gabarito para o posterior preenchimento.

Período *N*	**Saldo Inicial**	**Pagamento**			**Saldo Final**
		Juros	**Amortização**	**Total**	
1	60.000,00				
2					
3					

A segunda etapa envolve o cálculo da prestação – o que pode ser feito mediante o emprego da fórmula algébrica apresentada no capítulo de séries uniformes, ou nas funções específicas da HP12C ou do Excel.

Aplicando a fórmula algébrica:

$$PMT = VP.\left[\frac{i(1+i)^n}{(1+i)^n - 1}\right]\cdot(1+i)^m = 60.000.\left[\frac{0{,}10(1+0{,}10)^3}{(1+0{,}10)^3 - 1}\right]\cdot(1+0{,}10)^0 = \$\ 24.126{,}89$$

Empregando a HP 12C: [f] [REG] 3 [n] 10 [i] 60000 [PV] [g] [END] [PMT] Visor => – 24.126,8882.

Com os valores das prestações iguais obtidos, deve-se preenchê-los no gabarito:

Período *N*	**Saldo Inicial**	**Pagamento**			**Saldo Final**
		Juros	**Amortização**	**Total**	
1	60.000,00			(24.126,89)	
2				(24.126,89)	
3				(24.126,89)	

Como os juros devidos são integralmente pagos e incidem na razão da taxa multiplicada pelo saldo inicial, a terceira etapa envolve a decomposição do valor total da prestação entre a parcela correspondente aos juros e a parcela correspondente à amortização do principal.

Subtraindo do saldo inicial o valor das amortizações quitadas, é possível compor os saldos finais e finalizar a composição da Tabela Price.

Período *N*	Saldo Inicial	Pagamento			Saldo Final
		Juros	Amortização	Total	
1	60.000,00	(6.000,00)	(18.126,89)	(24.126,89)	41.873,11
2	41.873,11	(4.187,31)	(19.939,58)	(24.126,89)	21.933,53
3	21.933,53	(2.193,35)	(21.933,53)	(24.126,89)	0,00

PARA AUMENTAR O CONHECIMENTO ...

CONTABILIDADE EMPRESARIAL (A): Com Aplicações na HP12C e Excel – v. 3 (Série Desvendando as Finanças). Adriano Leal Bruni e Rubens Famá

A separação entre juros e amortização das prestações pagas nas séries analisadas em Matemática Financeira é fundamental para o registro contábil, que demanda a identificação das despesas financeiras com os juros. O livro "A Contabilidade Empresarial" auxilia neste processo, trazendo o processo de registro e análise das informações contábeis. Para saber mais sobre o livro, visite **www.EditoraAtlas.com.br** ou **www.MinhasAulas.com.br**.

Composição de Tabelas Price com o auxílio da HP12C

A HP 12C possui recursos úteis que facilitam a composição dos juros e amortizações por período na Tabela Price. Veja os passos apresentados a seguir.

Em relação ao exemplo anterior, a composição da Tabela Price feita com o auxílio da HP 12C pode ser vista no Quadro 8.1.

Quadro 8.1 *Composição de Tabela Price na HP 12C.*

Etapa	Teclas e comentário
1. Cálculo da prestação	[f] [REG] 3 [n] 10 [i] 60000 [PV] [g] [END] [PMT] Visor => – 24.126,8882. O valor de cada prestação é igual a $ 24.126,89.
2. Obtenção dos juros pagos na primeira prestação	1 [f] [AMORT] Visor => – 6.000,0000. O valor dos juros pagos na primeira parcela é igual a $ 6.000,00.
3. Cálculo da amortização paga na primeira prestação	[x↔y] Visor => – 18.126,8882. O valor da amortização paga na primeira parcela é igual a $ 18.126,89.
4. Verificação do saldo devedor após a primeira prestação	[RCL] [PV] Visor => 41.873,1118. O valor do principal devido após o pagamento da primeira parcela é igual a $ 41.873,11.
5. Obtenção dos juros pagos na segunda prestação	1 [f] [AMORT] Visor => – 4.187,3112. O valor dos juros pagos na segunda parcela é igual a $ 4.187,31.
6. Cálculo da amortização paga na segunda prestação	[x↔y] Visor => – 19.939,5770. O valor da amortização paga na segunda parcela é igual a $ 19.939,58.
7. Verificação do saldo devedor após a segunda prestação	[RCL] [PV] Visor => 21.933,5347. O valor do principal devido após o pagamento da segunda parcela é igual a $ 21.933,53.
8. Obtenção dos juros pagos na terceira prestação	1 [f] [AMORT] Visor => – 2.193,3535. O valor dos juros pagos na terceira parcela é igual a $ 2.193,35.
9. Cálculo da amortização paga na terceira prestação	[x↔y] Visor => – 21.933,5347. O valor da amortização paga na terceira parcela é igual a $ 21.933,53.
10. Verificação do saldo devedor após a terceira e última prestação	[RCL] [PV] Visor => 0,0000. O valor do principal devido após o pagamento da terceira parcela é igual ou aproximadamente igual a $ 0,00.

8.5 Juros periódicos, amortização no final

Outra metodologia para cálculo de juros e amortizações consiste no pagamento de juros periódicos e amortização do principal apenas no final do prazo da operação. Essa metodologia recebe a denominação de sistema americano.

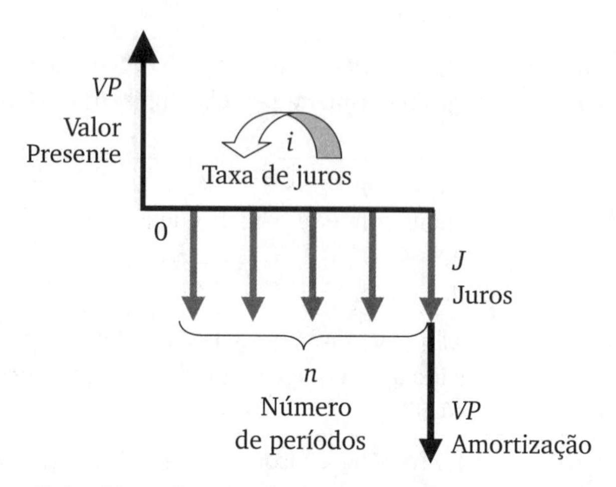

Figura 8.3 *Fluxo de caixa de financiamento através de debênture.*

No Brasil, o emprego de sistemas de amortização do tipo americano é comum em algumas operações de mercado financeiro, como o mercado de debêntures.

Por exemplo, a Companhia dos Doces Salgados S.A. planeja a emissão de debêntures com valores nominais iguais a $ 40.000,00 e vencimento em quatro anos. Sabe-se que a empresa pagará juros anuais iguais a 20% a.a. e que o lançamento do papel será feito ao par, sem ágio ou deságio. Pede-se desenhar o diagrama de fluxo de caixa da operação, sob a óptica da empresa emissora.

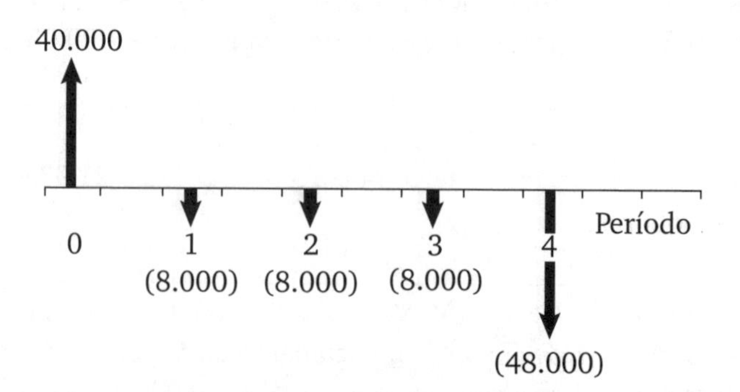

O fluxo de caixa apresenta o recebimento inicial, ao par, sem ágio ou deságio, o pagamento dos juros periódicos anuais e ressarcimento de principal e juros no vencimento do papel.

Na maior parte das situações, a colocação de títulos com fluxos de caixa construídos no sistema americano não é feita ao par, sem ágio ou deságio. Nessas situações, é preciso encontrar o valor presente do título, muitas vezes denominado preço unitário do papel, ou, simplesmente, PU.

No sistema de amortização americano, podem-se empregar as fórmulas e funções financeiras da HP 12C e do Excel para séries uniformes.

Por exemplo, suponha que a taxa de juros anual exigida da empresa do exemplo anterior seja igual a 22% a.a. Nessa situação, como a taxa exigida é diferente da taxa de cupom, que reflete o pagamento de juros, é preciso encontrar o valor presente do papel. O diagrama de fluxo de caixa da operação pode ser visto na figura seguinte.

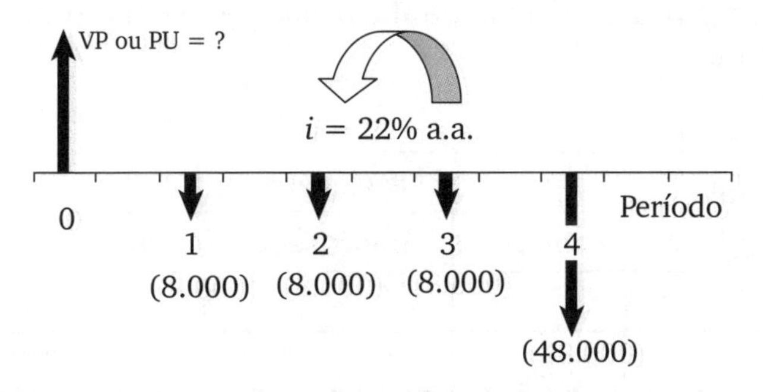

Nessa situação, deve-se considerar que são feitos quatro pagamentos no valor de $ 8.000,00 e o ressarcimento no final da operação do valor nominal igual a $ 40.000,00. Aplicando as funções de séries financeiras da HP 12C: [f] [REG] 4 [n] 22 [i] 8000 [CHS] [PMT] 40000 [CHS] [FV] [g] [END] [PV] Visor => 38.005,0876. O valor presente ou preço unitário do papel é igual a $ 38.005,09.

Em outras situações, pode-se dispor do fluxo de caixa do título e de seu preço unitário. Nesses casos, busca-se obter a taxa de rentabilidade do título até o vencimento, também denominada YTM, do inglês *yield to maturity*. Veja o exemplo seguinte.

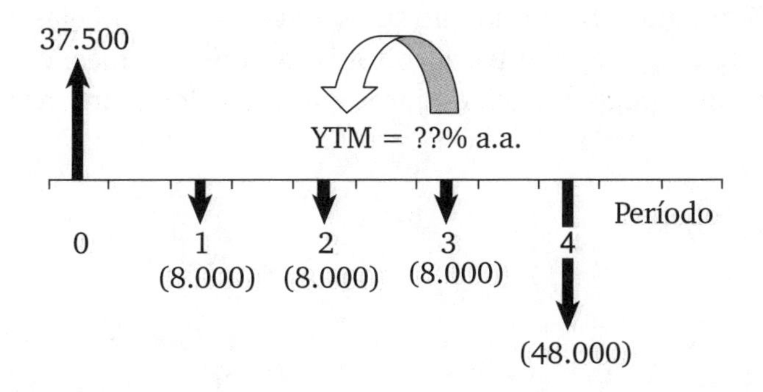

Aplicando as funções de série uniforme da HP12C: [f] [REG] 4 [n] 37500 [PV] 8000 [CHS] [PMT] 40000 [CHS] [FV] [g] [END] [i] Visor => 22,5310. A taxa de rentabilidade do papel, ou YTM, é igual a 22,53% a.a.

Exercícios com sistemas de amortização

Exercício 238

O financiamento de um equipamento no valor de $ 60.000,00 é feito pela Tabela Price em 6 meses, à taxa de 10% a.m., sendo os juros capitalizados no financiamento. Como fica a planilha de financiamento com a primeira prestação vencendo daqui a um mês?

Período *N*	**Saldo Inicial**	**Pagamento**			**Saldo Final**
		Juros	**Amortização**	**Total**	
1					
2					
3					
4					
5					
6					

Exercício 239

Um automóvel no valor de $ 40.000,00 foi financiado segundo um sistema de prestações constantes. Sabendo que serão pagas cinco parcelas sem entrada e que a taxa de juros vigente na operação foi igual a 5% ao mês, componha, para cada período, o valor pago a título de juros e a título de amortização.

Período *N*	Saldo Inicial	Pagamento			Saldo Final
		Juros	Amortização	Total	
1					
2					
3					
4					
5					

Exercício 240

O financiamento de um equipamento no valor de $ 60.000,00 é feito pelo Sistema SAC em 6 meses, à taxa de 10% a.m., sendo os juros capitalizados no financiamento. Como fica a planilha de financiamento com a primeira prestação vencendo daqui a um mês?

Período *N*	Saldo Inicial	Pagamento			Saldo Final
		Juros	Amortização	Total	
1					
2					
3					
4					
5					
6					

Exercício 241

Um automóvel no valor de $ 40.000,00 foi financiado segundo um sistema de amortizações constantes. Sabendo que serão pagas cinco parcelas sem entrada e que a taxa de juros vigente na operação foi igual a 5% ao mês, componha, para cada período, o valor pago a título de juros e a título de amortização.

Período N	Saldo Inicial	Pagamento			Saldo Final
		Juros	Amortização	Total	
1					
2					
3					
4					
5					

Exercício 242

Um cliente do Banco da Praça tomou emprestado $ 100.000,00 a uma taxa de juros compostos igual a 26% ao ano, concordando em quitá-lo em 30 pagamentos anuais iguais e postecipados. Se quisesse liquidar a dívida imediatamente após o sexto pagamento, quanto deveria ser pago?

Exercício 243

Um financiamento, cujo principal é $ 90.000,00, deve ser liquidado mediante o pagamento de 15 prestações mensais, iguais e sucessivas. A primeira prestação ocorre 30 dias após a liberação dos recursos. Sabendo-se que a taxa efetiva desse financiamento, a juros compostos, é de 4% ao mês, determinar: (a) valor da amortização do principal contido na nona prestação; (b) valor do saldo devedor (principal remanescente), imediatamente após o pagamento da quarta prestação.

Exercício 244

Uma imobiliária possui 40 casas iguais num condomínio da cidade de Vila Velha e está querendo vender cada uma das casas em 80 prestações postecipadas mensais de $ 1.800,00. Qual o valor presente de cada série de prestações? Considere um custo de oportunidade para os recursos igual a 2% a.a.

Exercício 245

Sabendo que a taxa de juros da mercado é igual a 22% ao ano, qual é o valor daqui a 7 anos de um fluxo de 10 pagamentos anuais no valor de $ 1.600,00, iniciados no final do ano 15?

Exercício 246

Um automóvel foi financiado no sistema SAC em oito parcelas mensais. Sabe-se que o valor do bem foi igual a $ 20.000,00 e a taxa da operação foi igual a 2% a.m. Pede-se obter o valor dos juros pagos na sexta parcela.

Exercício 247

Um financiamento imobiliário de $ 300.000,00 foi realizado no sistema Price, com 20 parcelas mensais postecipadas iguais, mediante uma taxa de 3% a.m. Pede-se obter o valor dos juros e da amortização pagos na 16ª parcela.

Exercício 248

Um veleiro está sendo vendido a vista por $ 30.000,00 ou então a prazo em 24 prestações mensais de $ 2.000,00 cada. A primeira prestação vence um mês após a compra. Caso a primeira prestação vencesse cinco meses após a compra, sem pagamentos de nenhum tipo nesse período, mantendo a taxa de juros e o número de prestações iguais, qual seria o valor de cada nova prestação? Ou seja, calcule o valor da nova prestação supondo uma prorrogação de quatro meses.

Exercício 249

Uma compra no valor de $ 20.000,00 deve ser paga com uma entrada a vista de 20% e o saldo devedor restante em 6 prestações mensais iguais, a uma taxa de 2% ao mês, vencendo a primeira prestação em 30 dias. Calcule a amortização do saldo devedor embutida na primeira prestação mensal.

Exercício 250

A Sabiá do Campo Ltda. tomou um empréstimo de $ 200.000,00 para pagamento pelo sistema de amortização constante, em 40 parcelas mensais, a primeira um mês após o recebimento do empréstimo e com taxa de juros de 2% a.m. Pede-se obter o valor da 30ª prestação.

Exercício 251

Uma operação de financiamento, no valor de $ 50.000,00, vai ser paga em 6 prestações mensais iguais e consecutivas, a primeira delas vencendo ao completar 4 meses da data do contrato. Os juros são compostos, à taxa de 2% ao mês. Qual o valor de cada uma das prestações?

Exercício 252

Um principal de $ 30.000,00 é financiado pelo prazo de quatro meses, a uma taxa de 3,4% ao mês, no regime de juros compostos. Determine os valores dos juros pagos no final do terceiro mês, respectivamente no sistema de prestações constantes (Price) e no sistema de amortizações constantes (SAC).

Exercício 253

Uma debênture foi emitida com um valor de resgate de $ 110.000,00, no final de oito anos, além de oito cupons anuais de $ 10.000,00. No regime de juros compostos, determine: (a) preço de venda para que o comprador do título tenha uma remuneração efetiva de 10% ao ano até seu vencimento; (b) preço de venda para que o comprador do título tenha uma remuneração efetiva de 12% ao ano até seu vencimento. Os cupons representam o pagamento periódico de juros feito pelo emissor do papel.

Exercício 254

O Banco de Investimento está oferecendo *debêntures* com duração de 10 anos, existindo recebimento semestral de juros no valor de 18% ***ao ano*** sobre o valor do título igual a $ 80.000,00, que será recebido junto com o último juro. Pede-se: (a) Calcule o valor dos juros semestrais, calculados com a taxa de juros de 18% ao ano aplicada de forma proporcional. O primeiro juro será recebido após um semestre da compra do título. (b) Calcule o preço de venda do título, valor presente na data 0, considerando que o aplicador no papel desejará receber uma taxa de juro efetiva igual a 8% ao semestre.

Exercício 255

Os Supermercados Leve Mais contraíram uma dívida no valor de $ 80.000,00 que vai ser amortizada pelo sistema francês, sem entrada, com pagamento em 6 prestações mensais consecutivas, a primeira delas vencendo ao completar 30 dias da data do empréstimo, com taxa de 4% ao mês. Nessas condições, pede-se calcular: (a) Qual o valor de amortização da segunda prestação? (b) Se fosse usado o sistema de amortização constante (SAC), qual seria a cota de juro na segunda prestação?

Exercício 256

Uma máquina industrial é vendida através de um financiamento em 12 prestações mensais e iguais. O fornecedor do equipamento exige 20% sobre o preço a vista como entrada. A taxa de juros compostos da loja é igual a 2% ao mês, com prestações constantes. A primeira prestação, no valor de \$ 3.500,00, vence um mês após a compra. Qual o valor do equipamento a vista?

Exercício 257

Um empréstimo no valor de \$ 180.000,00 deverá ser pago em 15 prestações mensais e consecutivas, vencendo a primeira 30 dias após a liberação do dinheiro, sem carência. Se o financiamento foi feito pelo sistema de amortização constante a uma taxa de juros compostos mensal de 3%, pede-se obter o saldo devedor após o pagamento da 14ª prestação.

Exercício 258

Manoel financiou parte da compra de um imóvel em 24 prestações mensais fixas e postecipadas de \$ 1.500,00. Decorridos alguns meses, ele deseja fazer a quitação do financiamento. Dado que foi acertado com o financiador que a liquidação do saldo devedor se dará no momento posterior ao pagamento da 13ª prestação e que a taxa de juros é de 2% ao mês, pede-se calcular a quantia devida para quitar o saldo devedor.

Visite o *site* do livro (<**www.MinhasAulas.com.br**>) ou da Editora Atlas (<**www.EditoraAtlas.com.br**>).

9

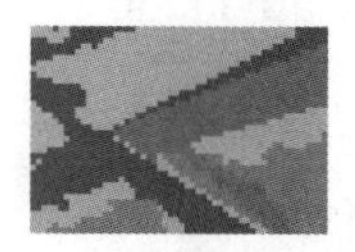

Séries Não Uniformes[1]

"Sucesso e genialidade são 10 por cento de inspiração e 90 por cento de transpiração."
Albert Einstein

9.1 Objetivos do capítulo

Uma série não uniforme consiste em um fluxo de caixa caracterizado pela presença de recebimentos ou pagamentos diferentes ao longo do horizonte analisado. Seu emprego e análise é usual nos processos de avaliação de investimento, em que algumas técnicas se destacam, a exemplo do valor presente líquido e da taxa interna de retorno.

Este capítulo possui o objetivo de apresentar e discutir algumas das mais usuais técnicas de avaliação de séries não uniformes.

9.2 O processo de avaliação de investimentos

Séries não uniformes são caracterizadas pela presença de fluxos desiguais ao longo do horizonte temporal analisado. Seu emprego e análise é comum nos processos de avaliação de investimentos.

Por sua vez, um processo de avaliação de investimentos consiste na avaliação conjunta de duas decisões básicas de Finanças – a própria decisão de investimento, em que aplicar os recursos, em quais ativos – e a decisão de financiamento – de onde virão os recursos que financiarão os investimentos realizados.

---

[1] Para entender mais sobre os usos e aplicações com séries não uniformes em Finanças, sugere-se a leitura do livro *As decisões de investimentos*, publicado pela Editora Atlas (<http://www.Editora-Atlas.com.br>). Veja referências bibliográficas apresentadas ao final do livro.

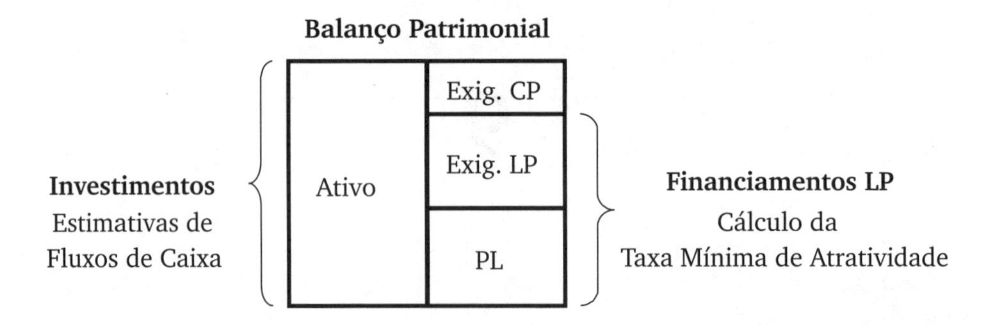

Figura 9.1 *Informações necessárias para a avaliação de investimentos.*

A análise de investimentos requer, então, dois parâmetros básicos: os fluxos de caixa operacionais, decorrentes da estrutura de aplicação de recursos nos diferentes ativos; e a taxa mínima de atratividade – média ponderada das diferentes fontes de financiamento da entidade.

Com base nos fluxos estimados e no custo de capital calculado, diferentes técnicas podem ser empregadas na análise de séries não uniformes, a exemplo do valor presente líquido e da taxa interna de retorno.

9.3 O Valor Presente Líquido

Como o próprio nome já revela, o valor presente líquido, geralmente representado pelas iniciais VPL ou VAL, de valor atual líquido, ou, ainda, NPV, do inglês, *Net Present Value*, resulta da adição de todos os fluxos de caixa na data zero.

Em caso de projetos de investimento, onde é feito um desembolso inicial com o objetivo do recebimento de uma série de fluxos de caixa futuros, ele representa os recebimentos futuros trazidos e somados na data zero, subtraído do investimento inicial – sendo, assim, um Valor Presente **Líquido** do investimento inicial.

Algebricamente, o valor presente líquido pode ser representado pela equação:

$$VPL = \sum_{j=1}^{n-1} \frac{FC_j}{(1+k)^j} + \frac{VR_n}{(1+k)^j} - Inv. = \sum_{j=0}^{n} \frac{FC_j}{(1+k)^j}$$

Onde:

FC_j = fluxo de caixa no período j
k = custo de capital

j = período analisado
n = número de períodos analisados
VR_n = valor residual do projeto no ano n
$Inv.$ = investimento inicial

Quando o valor presente líquido é maior que zero, esse fato indica que os fluxos futuros trazidos e somados a valor presente superam o investimento inicial. Logo, o projeto de investimento deveria ser aceito.

Para o cálculo do valor presente líquido, basta trazer todo o fluxo de caixa para a data zero e somar os valores obtidos.

Exemplo: A Comercial Tiro Liro gostaria de analisar a possibilidade de investimento em um novo caminhão de entregas. Sabe-se que o veículo custará $ 40 mil e deverá gerar fluxos de caixa anuais iguais a $ 8 mil durante os 10 anos de sua vida útil. Após o horizonte analisado, estima-se que o bem apresentará um valor residual igual a $ 4 mil. O custo de capital da empresa é estimado em 12% ao ano.

Ano	Fluxo de Caixa	Valor Presente do Fluxo de Caixa
0	– 40	(40,00)
1	8	7,14
2	8	6,38
3	8	5,69
4	8	5,08
5	8	4,54
6	8	4,05
7	8	3,62
8	8	3,23
9	8	2,88
10	12	3,86
Soma		**6,49**

Para obter o valor presente líquido, bastaria trazer todos os fluxos de caixa a valor presente e somá-los. No valor do fluxo de caixa do último ano ($ 8 mil), deve ser acrescentado o valor residual ($ 4 mil), que resulta em um fluxo total igual a $ 12 mil. A soma dos fluxos a valor presente ou o valor presente líquido é igual a $ 6,49 mil.

O valor presente líquido obtido foi positivo, indicando que os fluxos futuros somados na data zero superam o investimento inicial. Nesse caso, o projeto de investimento deveria ser aceito.

O método do valor presente líquido compara todas as entradas e saídas de caixa na data inicial do projeto, descontando todos os valores futuros de fluxo de caixa de acordo com o custo de capital do projeto. Quando o valor do VPL é maior que zero, a soma na data presente de todos os capitais do fluxo de caixa é maior que o valor investido. Nessas condições, pode-se dizer que o investimento:

- será recuperado;
- será remunerado na taxa de juros que mede o custo de capital do projeto;
- gerará um lucro extra, na data presente (t =0), igual ao VPL.

Sendo assim, o critério de seleção de projetos de investimento com base no método do VPL pode ser apresentado como:

- se o VPL for maior que zero, o projeto deve ser aceito;
- se o VPL for igual a zero, torna-se indiferente aceitar ou não o projeto;
- se o VPL for menor que zero, o projeto não deve ser aceito.

As principais vantagens do método do VPL podem ser expressas como:

- o método do VPL informa sobre o aumento ou não do valor da empresa em função da decisão de investimento tomada. Sendo a empresa resultado de um conjunto de projetos que podem ou não possuir vida infinita, espera-se que decisões de investimento com VPLs positivos contribuam para o aumento do seu valor, da mesma forma que a eventual aceitação de projetos com VPLs negativos resulte numa diminuição;
- são analisados todos os fluxos de caixa originários do projeto;
- o custo de capital é considerado nas análises;
- considera também o risco, já embutido no custo de capital.

Suas principais desvantagens seriam:

- existe a necessidade do conhecimento do custo de capital – o que nem sempre constitui-se tarefa fácil;
- resposta em valor monetário: seria difícil, por exemplo, responder se é melhor investir $ 100 para a obtenção de um VPL de $ 5 ou investir $ 10 para um VPL de $ 3.

Registradores e funções de fluxos não uniformes da HP12C

A calculadora HP12C possui algumas funções financeiras específicas para a análise de fluxos de caixa não uniformes, empregadas nos processos de avaliação de investimentos.

Quadro 9.1 *Registradores de fluxos não uniformes da HP12C.*

Função	Descrição
[g] [CF_0]	Do inglês Cash Flow 0, armazena o fluxo de caixa na data zero;
[g] [CF_j]	Do inglês Cash Flow j, armazena o fluxo de caixa na data j (j entre 1 e 20);
[g] [Nj]	Armazena o número de fluxos de caixa repetidos;
[f] [NPV]	Do inglês Net Present Value, calcula o valor presente líquido de um fluxo de caixa não uniforme;
[f] [IRR]	Do inglês Internal Rate of Return, calcula a taxa interna de retorno de um fluxo de caixa não uniforme.

Para verificar os procedimentos disponíveis para análises de investimento na calculadora financeira HP12C, veja os exemplos fornecidos a seguir.

Cálculo do VPL na HP12C

Em uma calculadora HP12C, o VPL poderia ser obtido através do uso dos registradores de fluxos de caixa não uniformes e da função [f] [NPV].

Por exemplo, uma rede de supermercados estuda a possibilidade de substituição de seus expositores frigoríficos por outros mais modernos, que contribuirão para reduzir os gastos com manutenção e, ao mesmo tempo, aumentar as vendas. Os fluxos incrementais estão apresentados na tabela seguinte e o custo de capital da empresa é estimado em 8% ao ano.

Todos os valores estão apresentados em $ 1.000,00.

Ano	0	1	2	3	4	5
Fluxo de Caixa	– 125	45	35	50	35	30

Na HP12C, para obter o VPL, bastaria seguir os seguintes passos:

Quadro 9.2 *Cálculo do valor presente líquido na HP 12C.*

Passo	Teclas	Descrição
01	[ON]	Liga a calculadora
02	[f] [Reg]	Limpa os registradores da calculadora
03	125000 [CHS] [g] [CF_0]	Abastece o capital inicial
04	45000 [g][CF_j]	Abastece o valor do fluxo de caixa em t_1
05	35000 [g][CF_j]	Abastece o valor do fluxo de caixa em t_2
06	50000 [g][CF_j]	Abastece o valor do fluxo de caixa em t_3
07	35000 [g][CF_j]	Abastece o valor do fluxo de caixa em t_4
08	30000 [g][CF_j]	Abastece o valor do fluxo de caixa em t_5
09	8 [i]	Abastece o valor do custo de capital
10	[f] [NPV]	Solicita o valor do VPL
Resp.	32.509	Valor do VPL

Cálculo do VPL no Excel

Função VPL

A função VPL retorna o valor líquido atual de um investimento, baseado em uma série de fluxos de caixa periódicos e em uma taxa de desconto. Seu resultado equivale ao retornado pela função [NPV] das calculadoras financeiras. Sua sintaxe é representada da seguinte forma:

VPL (taxa; valor 1; valor 2;...)

Onde:

- **taxa:** taxa de juros por período. Equivale à tecla [i] das calculadoras financeiras;

- **valor 1; valor 2;...:** argumentos de 1 a 29 que representam os pagamentos e a receita. Devem ter o mesmo intervalo de tempo entre eles e ocorrer ao final de cada período.

	B	C	D
2	Ano	Fluxo	Função
3	0	(180,00)	
4	1	120,00	
5	2	120,00	
6	**VPL**	**22,81**	= VPL (12%; C4:C5) + C3
7	**Importante:** na função VPL, o investimento inicial deve ser somado por fora da função.		

Figura 9.2 *Cálculo com a função VPL do Excel.*

Observações importantes:

- a função VPL descapitaliza os valores para a data presente (t_0), **supondo que os fluxos começam em t_1**. Assim, para obter o VPL de um projeto com essa função, torna-se conveniente utilizá-la para descapitalizar os fluxos **a partir da data 1 (t_1)**, subtraindo o valor do investimento inicial;
- a função VPL utiliza a ordem de valor 1; valor 2;... para interpretar a ordem de fluxos de caixa. Convém certificar-se de fornecer os valores de pagamentos e receita na seqüência correta;
- argumentos que são números, células vazias, valores lógicos ou representações em forma de texto de números são contados; os argumentos que são valores de erro ou texto que não podem ser traduzidos em números são ignorados;
- se um argumento for uma matriz ou referência, apenas os números da matriz ou referência serão contados. Células vazias, valores lógicos, valores de texto ou de erro na matriz ou referência são ignorados.

9.4 Taxa Interna de Retorno

Uma análise mais cuidadosa do VPL revela que, à medida que o custo de capital aumenta, menor a soma dos fluxos de caixa na data zero. Um exemplo prático pode ser visto através dos cálculos dos VPLs para diferentes estimativas de custo de capital do projeto apresentado a seguir.

Ano	0	1	2	3
Fluxo de Caixa	(24,00)	12,00	12,00	12,00

Com base nos fluxos de caixa fornecidos na tabela anterior e supondo diferentes níveis de taxa mínima de atratividade (0% a.a., 5% a.a., ..., até 40% a.a.), seria possível obter os VPLs apresentados na tabela seguinte. Nota-se que, à medida que o custo de capital aumentou, o valor do VPL foi reduzido.

TMA	5%	10%	15%	20%	25%	30%	35%	40%
VPL	8,68	5,84	3,40	1,28	– 0,58	– 2,21	– 3,65	– 4,93

Graficamente, a relação entre os valores presentes obtidos para os diferentes níveis de custo de capital poderia ser construída conforme a Figura 9.3.

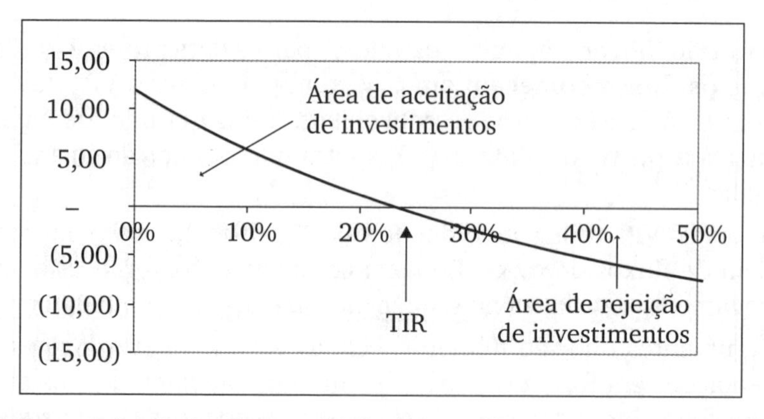

Figura 9.3 *Aceitação ou rejeição de investimentos com base na TIR.*

Conforme a Figura 9.3, à medida que o custo de capital aumenta, o VPL diminui. A TIR representa o valor da taxa mínima de atratividade que torna o VPL nulo. Corresponde, portanto, a uma taxa que remunera o valor investido no projeto. Quando superior ao custo financeiro do projeto (TMA), este deve ser aceito. Pode-se visualizar a TIR na Figura 9.3: corresponde ao valor de TMA que torna nulo o VPL. Para valores de TMA inferiores ao valor da TIR, os VPLs são positivos. Para TMA maior que TIR, os VPLs tornam-se negativos.

PARA AUMENTAR O CONHECIMENTO ...

DECISÕES DE INVESTIMENTOS (AS) com aplicações na HP12C e Excel – v. 2 (Série Desvendando as Finanças). Adriano Leal Bruni e Rubens Famá

Avaliações de séries não uniformes são características marcantes do processo de avaliação de investimentos. O livro "As Decisões de Investimentos" apresenta de forma mais detalhada os principais métodos de avaliação usados em Finanças, trazendo técnicas complementares ao método do VPL ou da TIR, como o *payback* simples e descontado, o Valor Uniforme Líquido, o Valor Futuro Líquido, a Taxa Interna de Juros e a Taxa Externa de Retorno. Também discute e analisa o processo de seleção de investimentos, mediante o uso das diferentes técnicas. Para saber mais sobre o livro, visite **www.EditoraAtlas.com.br** ou **www.MinhasAulas.com.br**.

Teoricamente, para poder encontrar o valor da TIR seria preciso encontrar as raízes de um polinômio de grau n. Em função da complexidade da solução polinomial, esse procedimento *ad hoc* somente se verifica em análises bastante simples de fluxos de caixa, formados por poucos períodos estudados. Na prática, o cálculo da TIR acaba sendo feito através de calculadoras financeiras ou planilhas eletrônicas.

Um procedimento intermediário e mais antigo, supondo a inexistência ou impossibilidade do uso de calculadoras eletrônicas ou computadores, envolvia procedimentos empíricos do tipo "tentativa e erro". Arbitrava-se uma taxa qualquer e, com base nela, encontrava-se o VPL. Caso positivo, deveria ser escolhida uma taxa maior e o novo VPL deveria ser obtido. Caso negativo, uma taxa intermediária deveria ser escolhida e o procedimento, repetido. Através de sucessivas interpolações, o valor da TIR poderia ser encontrado.

Algumas conclusões podem ser extraídas da aplicação do método da TIR:

- durante o prazo de análise do projeto, todos os retornos gerados pelo projeto serão reinvestidos no valor da TIR;
- quando calculados com a TIR, o valor de todas as saídas é igual ao valor presente de todas as entradas do fluxo de caixa do projeto de investimento;

- a TIR mede a rentabilidade do projeto de investimento sobre a parte não amortizada do investimento, rentabilidade dos fundos que permanecem, ainda, internamente investidos no projeto.

Cálculo da TIR na HP12C

Em uma calculadora HP12C, o procedimento para a obtenção da TIR envolve o registro dos fluxos não uniformes nos registradores [g] [Cf_0] e [g] [Cf_j]. Os passos envolvidos estão apresentados no Quadro 9.3.

Quadro 9.3 *Cálculo da taxa interna de retorno na HP12C.*

Passo	Teclas	Descrição
01	[ON]	Liga a calculadora
02	[f] [Reg]	Limpa os registradores da calculadora
03	30000 [CHS] [g] [CF_0]	Abastece o capital inicial
04	8000 [g][CF_j]	Abastece o valor do fluxo de caixa em t_1
05	12000 [g][CF_j]	Abastece o valor do fluxo de caixa em t_2
06	7000 [g][CF_j]	Abastece o valor do fluxo de caixa em t_3
07	5000 [g][CF_j]	Abastece o valor do fluxo de caixa em t_4
08	3000 [g][CF_j]	Abastece o valor do fluxo de caixa em t_5
09	7000 [g][CF_j]	Abastece o valor do fluxo de caixa em t_6
10	4000 [g][CF_j]	Abastece o valor do fluxo de caixa em t_7
11	[f] [IRR]	Solicita o valor da TIR
Resp.	14,36	Valor da TIR

Cálculo da TIR no Excel

Função TIR

A função TIR permite obter a TIR de uma seqüência de fluxos de caixa representada pelos números em valores. Esses fluxos de caixa não precisam ser iguais, porém, os fluxos de caixa devem ser feitos em intervalos regulares, como mensal ou anualmente. A TIR é a taxa de juros recebida para um investimento que consiste em pagamentos (valores negativos) e receitas (valores positivos) que ocorrem em períodos regulares.

Sua sintaxe é do tipo:

TIR (valores; estimativa)

Onde:

- **valores:** consiste em uma matriz ou uma referência a células que contêm números cuja TIR se deseja calcular. Deve conter pelo menos um valor positivo e um negativo para calcular a TIR. A função TIR emprega a ordem de valores para interpretar a ordem de fluxos de caixa. Valores de pagamentos e rendas devem estar obrigatoriamente na seqüência desejada. Caso a matriz ou argumento de referência contenha texto, valores lógicos ou células em branco, esses valores serão ignorados;
- **estimativa:** representa um número que se estima ser próximo do resultado da TIR. Corresponde a um palpite inicial sobre qual o valor da TIR.

De acordo com a ajuda do Microsoft Excel, a planilha emprega técnica iterativa para calcular a TIR. Começando pela estimativa fornecida, a TIR refaz o cálculo até o resultado ter uma precisão de 0,00001%. Se a TIR não puder localizar um resultado que funcione depois de 20 tentativas, o valor de erro #NÚM! será retornado.

Na maioria dos casos, não é necessário fornecer estimativa para o cálculo da TIR. Se a estimativa for omitida, será considerado 0,1 (10%). Caso a TIR forneça o valor de erro #NÚM!, ou se o resultado não for próximo do esperado, deve ser feita uma nova tentativa com um valor diferente para a estimativa.

Exercícios com séries não uniformes

Exercício 259

A tabela seguinte apresenta a projeção de fluxo de caixa de um novo empreendimento da Indústria de Sabão Cheiro Bom Ltda. Sabe-se que a taxa mínima de atratividade da empresa é igual a 14% ao ano. Pede-se calcular: (a) o VPL; (b) a TIR.

Ano	0	1	2	3
Valor ($)	(12.000,00)	4.000,00	8.000,00	5.000,00

Exercício 260

O Restaurante Panela de Barro Ltda. está analisando a perspectiva de investir na reforma de sua cozinha, o que permitirá elevar o número de clientes atendidos. O fluxo de caixa incremental decorrente do investimento está estimado na tabela apresentada a seguir.

Mês	0	1	2	3	4
Valor ($)	(50.000,00)	20.000,00	5.000,00	10.000,00	20.000,00

Pede-se determinar o VPL desse fluxo de caixa, para a taxa de desconto de 24% ao ano, capitalizados mensalmente, e sua TIR em termos anuais.

Exercício 261

A Companhia do Malte Azedo S.A. estuda a realização de um projeto com o fluxo de caixa a seguir. Ela dispõe de $ 340 mil para executar o projeto e, ao longo dos quatro anos, pode sempre aplicar seus recursos financeiros a uma taxa efetiva de 13% ao ano, a juros compostos. Os valores da tabela estão apresentados em $ 1.000,00.

Ano	0	1	2	3	4
Valor ($)	– 340	150	70	60	100

Com base no valor presente líquido e na taxa interna de retorno desse projeto, estime sua viabilidade.

Exercício 262

A Corporação Mangaba Doce S.A. mantém seus recursos financeiros sempre aplicados a uma taxa de 22% ao ano, no regime dos juros compostos, e tem a possibilidade de liquidar antecipadamente uma dívida, caracterizada pelo fluxo de caixa apresentado a seguir, em $ 1.000,00.

Ano	0	1	2	3	4
Valor ($)	–	– 70	– 80	– 40	– 120

Pede-se calcular o valor máximo que pode ser pago antecipadamente por essa dívida para que a remuneração da empresa não seja prejudicada.

Exercício 263

O Banco da Avenida deseja financiar um equipamento industrial cujo preço a vista é $ 400.000,00. O financiamento será concedido no dia 1º de agosto, devendo ser liquidado em três prestações mensais de $ 180.000,00, que vencem a cada 30 dias corridos, a contar da data de sua aquisição. Considerando o ano com 360 dias, determine sob a óptica do financiador: (a) VPL desse fluxo de caixa para uma taxa de desconto de 8% ao mês; (b) TIR desse fluxo de caixa, em termos anuais.

Exercício 264

Os fluxos de caixa de quatro projetos de investimento analisados pela Companhia Tico-tico no Fubá Ltda. estão apresentados a seguir. Sabendo que a empresa emprega uma taxa de juros compostos igual a 12% a.a. para o desconto dos fluxos de caixa, determine quais os VPLs dos projetos analisados.

Projeto	Investimento	Ano 1	Ano 2	Ano 3	Ano 4
Terra	– 500	300	300	–	–
Marte	– 500	300	300	60	–
Saturno	– 500	120	240	180	180
Urano	– 500	240	120	180	180

Exercício 265

A Especial Projetos e Investimentos Ltda. está avaliando dois projetos de investimento, cujos fluxos de caixa são apresentados no quadro a seguir. Considerando que o custo financeiro da empresa é de 18% a.a. e que os projetos são mutuamente excludentes, calcule a TIR e o VPL de ambos e decida qual deles deve ser o escolhido.

Ano	0	1	2	3	4	5
A	– 400	150	150	200	250	300
B	– 1600	500	400	600	800	800

Exercício 266

Um analista financeiro precisa determinar o valor da terceira parcela do fluxo B, que faz com que os fluxos de caixa indicados na tabela a seguir sejam equivalentes na data focal zero, à taxa efetiva de 3% ao mês, no regime de juros compostos.

Mês	0	1	2	3	4	5	6
Fluxo A		2.500,00	3.000,00	5.000,00	10.000,00	5.000,00	4.000,00
Fluxo B			8.000,00		7.000,00	5.000,00	6.000,00

Exercício 267

André Luiz terá que pagar $ 8.000,00 daqui a 62 dias, $ 6.500,00 daqui a 83 dias e $ 10.600,00 daqui a 138 dias. Não tendo condições de pagar a dívida com esse fluxo de caixa, ele quer propor ao credor pagar essa dívida em quatro prestações iguais, vencendo a primeira daqui a 30 dias e as três restantes a cada 30 dias. Qual o valor das prestações propostas, considerando uma taxa de juro de 4% a.m. no regime dos juros compostos?

Exercício 268

A diretoria financeira Jiló Amargo Ltda. está analisando os dois fluxos de caixa indicados a seguir:

Semestre	0	1	2	3	4	5
Fluxo A	–	$Fluxo_1$	1.500,00	1.500,00	1.500,00	1.500,00
Fluxo B	–	800,00	800,00	800,00	800,00	$Fluxo_2$

Pede-se determinar os valores de $Fluxo_1$ e $Fluxo_2$ que fazem com que os dois fluxos de caixa sejam equivalentes, à taxa efetiva de 2% ao semestre, no regime de juros compostos, sabendo que o valor de X_2 é o dobro do valor de X_1.

Exercício 269

Qual o valor da taxa efetiva mensal de juros que faz com que os dois fluxos de caixa indicados na tabela a seguir sejam equivalentes, no regime de juros compostos?

Mês	0	1	2	3
Fluxo A	0	500	600	500
Fluxo B	0	1.000	300	200

Conheça os outros recursos complementares ao livro! Visite o *site* do livro (<**www.MinhasAulas.com.br**>) ou da Editora Atlas (<**www.EditoraAtlas.com.br**>).

10

A Planilha Matemagica.XLS

"Não há nada constante, exceto a mudança."
Heráclito

10.1 Objetivos do capítulo

Uma forma fácil para aplicar e melhor compreender a Matemática das Finanças consiste no emprego de recursos computacionais. Com o advento das planilhas eletrônicas, tais recursos sofisticaram-se, e, ao mesmo tempo, possibilitaram a criação de interfaces mais simples. Um exemplo clássico consiste no emprego da planilha eletrônica Microsoft Excel, discutida e apresentada ao longo dos capítulos anteriores.

Aplicando os conceitos discutidos ao longo deste livro e empregando os recursos disponíveis no Excel, é possível criar modelos didáticos simples, que facilitam o emprego de diversas técnicas das Finanças.

Este capítulo possui o objetivo de apresentar e ilustrar as aplicações na planilha MATEMAGICA.XLS.[1]

10.2 Instruções para *download*

Os objetivos da série *Desvendando as Finanças* envolvem a transmissão de forma didática e simples de alguns dos principais tópicos de finanças empresariais. Para facilitar o processo de ensino e aprendizagem, recursos complementares a este e a outros livros da série podem ser encontrados no *site* da Editora Atlas, na

[1] Disponível para os leitores no *site* do livro <www.MinhasAulas.com.br>.

página <http://www.EditoraAtlas.com.br ou no *site* do livro <http://www.MinhasAulas.com.br>.

Para ter acesso aos textos complementares, apresentações, planilhas e, principalmente, à planilha MATEMAGICA.XLS, é preciso entrar no *link "Livros"*, selecionando a opção *"A Matemática das Finanças"*. A opção MATEMAGICA.XLS está disponível para *download*.

Para poder operar melhor com os recursos da planilha, o usuário deve salvar o arquivo no seu disco rígido, posteriormente abrindo-o com o Microsoft Excel. Para obter instruções sobre como efetuar o *download*, o usuário deve consultar a ajuda de seu navegador.

10.3 Configurações iniciais

Após o *download* da MATEMAGICA.XLS ter sido feito, o usuário deve abri-la com o auxílio do Excel. No momento da abertura do arquivo, duas mensagens aparecerão.

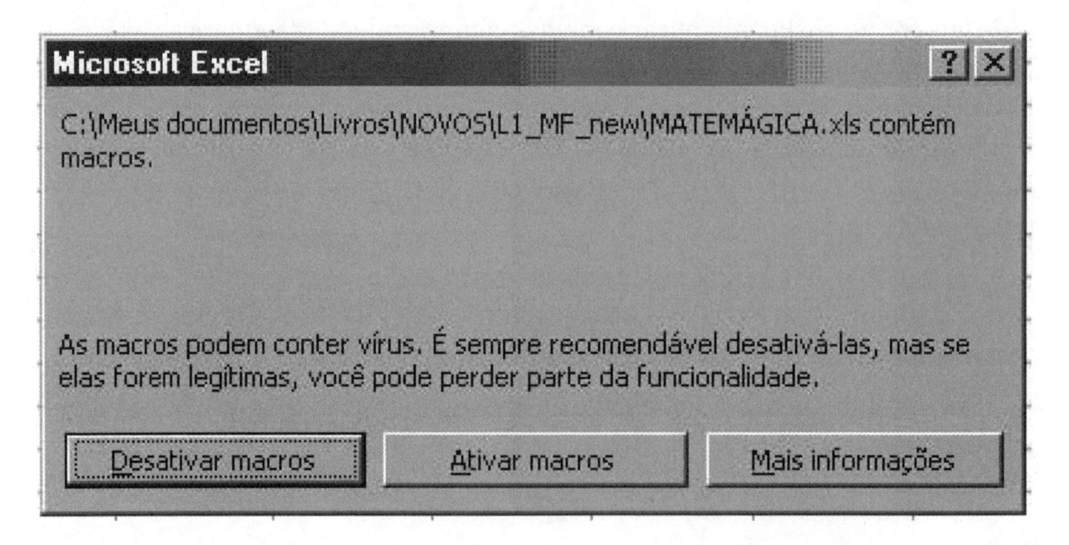

Figura 10.1 *Alerta da presença de macros na MATEMAGICA.XLS.*

A primeira mensagem, ilustrada na Figura 10.1, alerta para a presença de macros (rotinas automáticas do Excel). Como as macros auxiliam nas rotinas de navegação e limpeza da planilha, é preciso ativá-las. Para isso, é necessário clicar na opção Ativar macros.

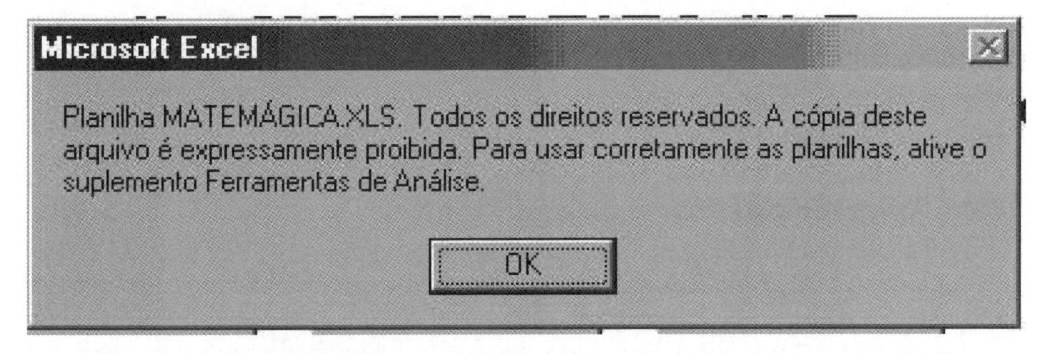

Figura 10.2 *Alerta da MATEMAGICA.XLS.*

A segunda mensagem, apresentada na Figura 10.2, alerta sobre os direitos autorais sobre a planilha e a necessidade de ativação do suplemento Ferramentas de Análise do Excel. Para ativar o suplemento, o usuário deve selecionar a opção Suplementos, no *menu* Ferramentas. Na configuração dos suplementos, deve selecionar a opção Ferramentas de Análise. Veja a Figura 10.3.

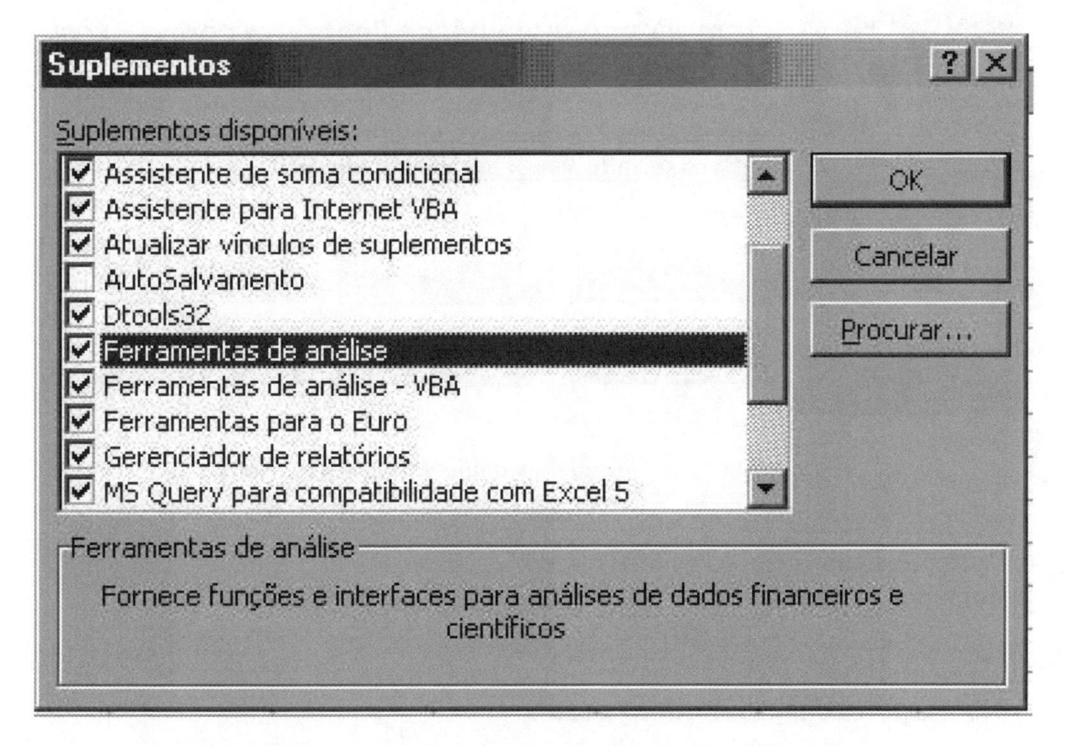

Figura 10.3 *Ativando o suplemento Ferramentas de Análise.*

Caso o suplemento não esteja disponível, sugere-se que o leitor ou usuário consulte o guia de instalação do Excel, executando os procedimentos recomendados para a ativação do recurso.

10.4 Apresentação dos recursos disponíveis

A planilha MATEMAGICA.XLS oferece diversos recursos aplicados à Matemática Financeira. O *menu* de abertura do *software* possibilita acessar diferentes recursos que permitem operações gerais de matemática financeira com juros simples, compostos ou desconto comercial (*menu* Modelo), operações com cálculos de proporcionalidade ou equivalência de taxas (*menu* Taxas), cálculos de datas (*menu* Datas), operações com sistemas de amortização do tipo francês, de prestações constantes ou americano (*menu* Sistemas), cálculos com equivalência de capitais (menu Equivalência) ou elaboração de diagramas de fluxo de caixa (*menu* Desenho).

Planilha MATEMAGICA.XLS

Aprendendo matemática financeira com o Excel

Esta planilha deve ser empregada como ferramenta auxiliar do livro **"A Matemática das Finanças"**, publicado pela Infinita Editora, à venda no site: **http://www.infinitaweb.com.br**.

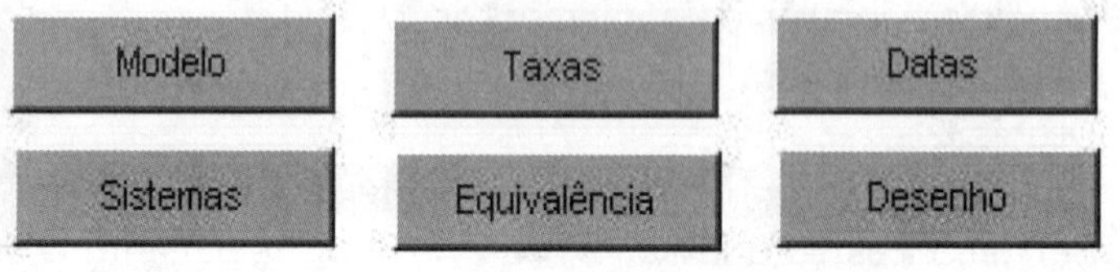

Figura 10.4 *Tela inicial da planilha MATEMAGICA.XLS.*

Os principais recursos da MATEMAGICA.XLS estão apresentados nas páginas seguintes.

10.5 Operações no modelo geral

A mais ampla opção da MATEMAGICA.XLS consiste no modelo geral, disponível no *menu* geral, opção Modelo.

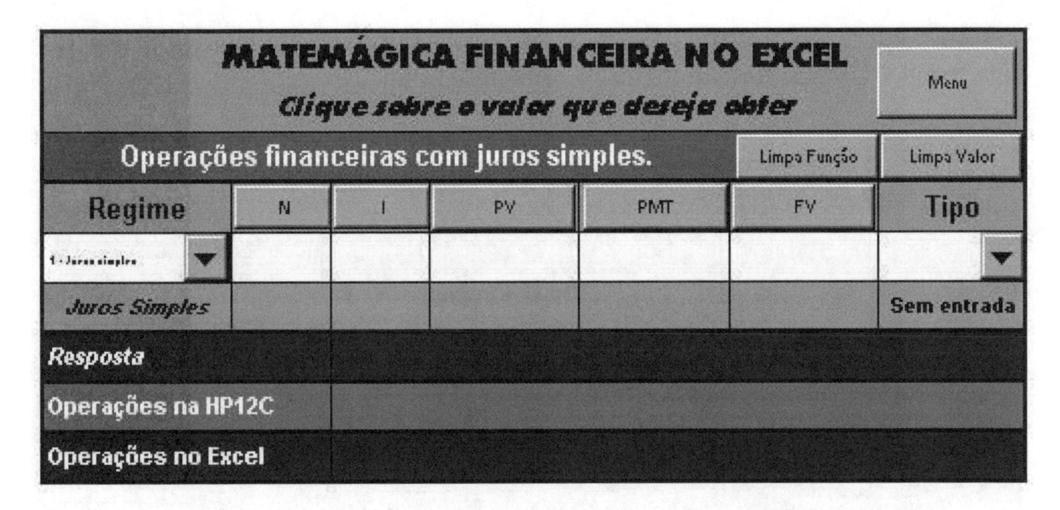

Figura 10.5 *Operações no modelo geral da MATEMAGICA.XLS.*

Através do modelo geral, o leitor ou usuário pode executar as mais diversas operações da matemática financeira, nos três diferentes regimes apresentados ao longo do livro: juros simples, desconto comercial e juros compostos.

A utilização do modelo é relativamente simples. Na primeira caixa de rolagem, o usuário deve configurar o regime no qual pretende trabalhar. A seguir, deve preencher os dados disponíveis. Por último, deve clicar sobre a resposta desejada.

Por exemplo, para calcular o valor futuro de uma aplicação de $ 400,00 a uma taxa de 2% a.m. no regime dos juros compostos por 3 meses, o usuário deve configurar a planilha conforme ilustrado na Figura 10.6.

MATEMÁGICA FINANCEIRA NO EXCEL

Clique sobre o valor que deseja obter — Menu

Operações financeiras com juros compostos. — Limpa Função — Limpa Valor

Regime	N	I	PV	PMT	FV	Tipo
3 - Juros compostos	3	2,0000%	(400,00)			
Juros Compostos						Sem entrada
Resposta						
Operações na HP12C						
Operações no Excel						

Figura 10.6 *Abastecimento dos dados na MATEMAGICA.XLS.*

Para obter o valor futuro, basta clicar sobre a opção FV. Imediatamente, o modelo fornece a resposta: valor futuro igual a $ 424,48.

MATEMÁGICA FINANCEIRA NO EXCEL

Clique sobre o valor que deseja obter

Menu

Operações financeiras com juros compostos. | Limpa Função | Limpa Valor

Regime	N	I	PV	PMT	FV	Tipo
	3	2,0000%	(400,00)			
Juros Compostos					424,48	Sem entrada

Resposta	O valor futuro é igual a 424,48 no regime de juros compostos
Operações na HP12C	[f] [REG] 3 [n] 2 [i] 400 [CHS] [PV] [g] [END] [FV] Visor => 424,4832
Operações no Excel	=VF(0,02;3;;-400;)

Figura 10.7 *Resultados no modelo geral da MATEMAGICA.XLS.*

As respostas são fornecidas de três formas distintas:

Resposta literal:

O valor futuro é igual a 424,48 no regime de juros compostos.

Seqüência de operações na HP12C:

[f] [REG] 3 [n] 2 [i] 400 [CHS] [PV] [g] [END] [FV] Visor => 424,4832.

Função ou operações no Excel:

=VF(0,02;3;;– 400;)

Outro exemplo: uma loja deseja financiar um equipamento de som cujo valor a vista é igual a $ 1.000,00 em três parcelas mensais iguais e sem entrada. Sabendo que a taxa de juros compostos vigente na operação é igual a 2% a.m., pede-se calcular o valor de cada prestação.

Abastecendo os dados necessários no modelo e clicando sobre a tecla PMT, é possível obter a resposta, conforme apresentado na Figura 10.8.

MATEMÁGICA FINANCEIRA NO EXCEL Clique sobre o valor que deseja obter						Menu
Operações financeiras com juros compostos.					Limpa Função	Limpa Valor
Regime	N	I	PV	PMT	FV	Tipo
1- Juros compostos	3	2,0000%	1.000,00			
Juros Compostos				(346,75)		Sem entrada
Resposta	A prestação é igual a -346,75 no regime de juros compostos					
Operações na HP12C	[f] [REG] 3 [n] 2 [i] 1000 [PV] [g] [END] [PMT] Visor => -346,7547					
Operações no Excel	=PGTO(0,02;3;1000;;)					

Figura 10.8 *Cálculo da prestação postecipada na MATEMAGICA.XLS.*

O modelo fornece as três respostas:

Resposta literal:

A prestação é igual a – 346,75 no regime de juros compostos.

Seqüência de operações na HP12C:

[f] [REG] 3 [n] 2 [i] 1000 [PV] [g] [END] [PMT] Visor => – 346,7547.

Função ou operações no Excel:

= PGTO(0,02;3;1000;;).

Em relação ao exemplo anterior, caso a série fosse antecipada, com o pagamento de uma entrada no ato da compra, bastaria configurar o modelo. Na opção Tipo, é preciso selecionar a alternativa “1- antecipada”. O resultado está apresentado na Figura 10.9.

MATEMÁGICA FINANCEIRA NO EXCEL

Clique sobre o valor que deseja obter

Menu

Operações financeiras com juros compostos.						Limpa Função	Limpa Valor
Regime	N	I	PV	PMT	FV		Tipo
3 - Juros compostos	3	2,0000%	1.000,00				1 - antecipado
Juros Compostos				(339,96)			Com entrada
Resposta	A prestação é igual a -339,96 no regime de juros compostos						
Operações na HP12C	[f] [REG] 3 [n] 2 [i] 1000 [PV] [g] [BEG] [PMT] Visor => -339,9556						
Operações no Excel	=PGTO(0,02;3;1000;;1)						

Figura 10.9 *Cálculo da prestação antecipada na MATEMAGICA.XLS.*

Mais uma vez, o modelo fornece as três respostas:

Resposta literal:

A prestação é igual a – 339,96 no regime de juros compostos.

Seqüência de operações na HP12C:

[f] [REG] 3 [n] 2 [i] 1000 [PV] [g] [BEG] [PMT] Visor => – 339,9556.

Função ou operações no Excel:

= PGTO(0,02;3;1000;;1).

10.6 Operações com taxas

Outro recurso de fácil uso na MATEMAGICA.XLS consiste no modelo construdo para operações com taxas de juros, disponibilizado no *menu* inicial através da alternativa *"Taxas"*. O recurso permite efetuar cálculos com taxas proporcionais e equivalentes com grande simplicidade e rapidez.

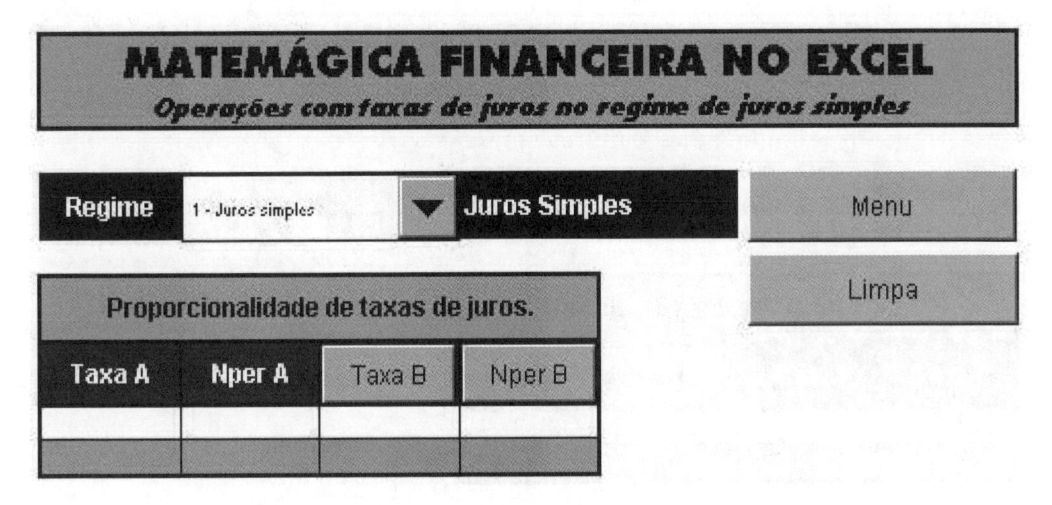

Figura 10.10 *Operações com taxas na MATEMAGICA.XLS.*

Por exemplo, para obter a taxa proporcional à taxa de 36% a.a., é preciso digitar no modelo os parâmetros iniciais, conforme ilustrado na Figura 10.11.

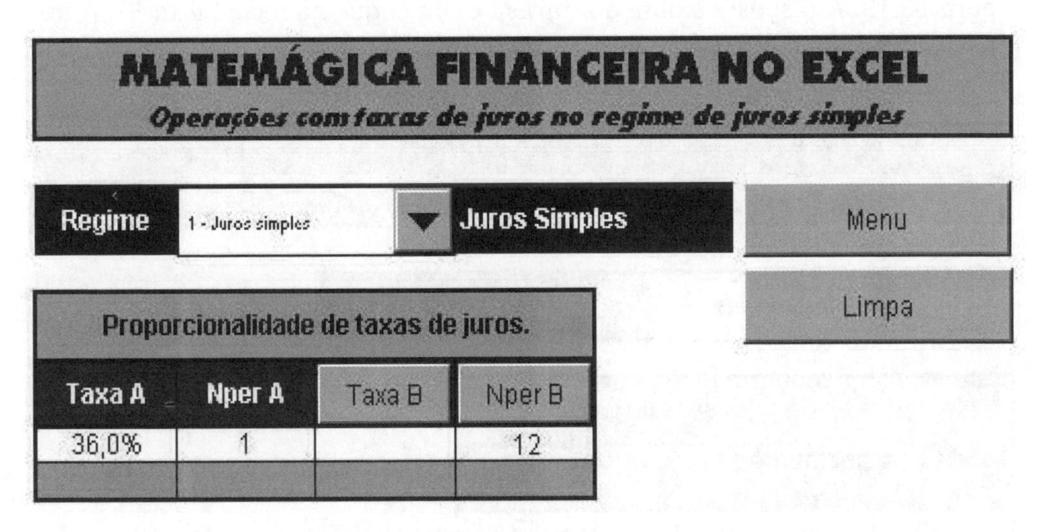

Figura 10.11 *Abastecimento de parâmetros iniciais na MATEMAGICA.XLS.*

Para obter o valor da taxa basta clicar sobre a tecla "Nper B". O resultado está ilustrado na Figura 10.12. A taxa proporcional é igual a 3% a.m.

MATEMÁGICA FINANCEIRA NO EXCEL

Operações com taxas de juros no regime de juros simples

Regime | 1 - Juros simples | Juros Simples | Menu

Limpa

Proporcionalidade de taxas de juros.			
Taxa A	Nper A	Taxa B	Nper B
36,0%	1		12
		3,00%	

Figura 10.12 *Operação com taxas proporcionais na MATEMAGICA.XLS.*

Para obter a taxa equivalente mensal, no regime dos juros compostos, a taxa anual igual a 36% a.a. basta seguir a configuração do modelo apresentado na Figura 10.13. A resposta é obtida através de um clique na tecla *"Taxa B"*. A taxa equivalente é igual a 2,60% a.m.

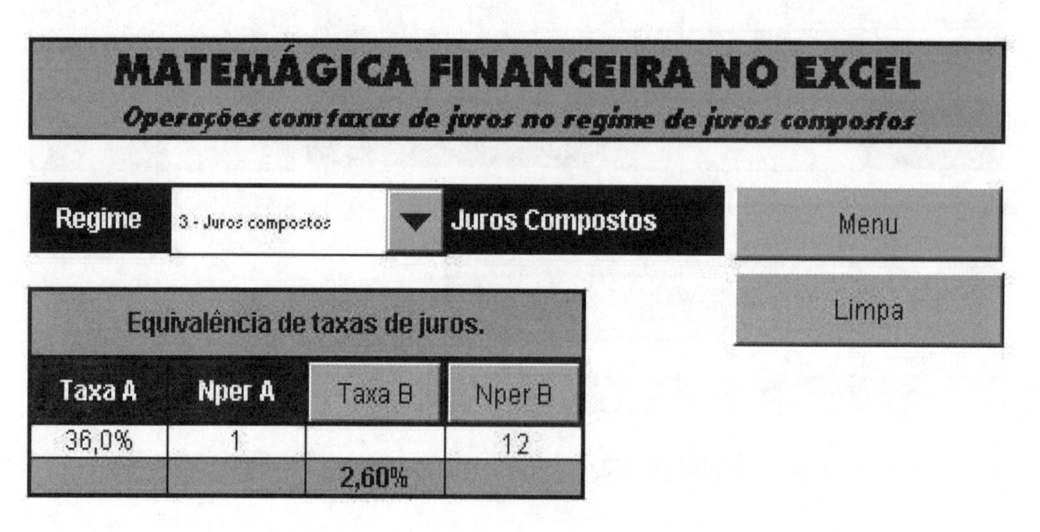

Figura 10.13 *Operação com taxas equivalentes na MATEMAGICA.XLS.*

10.7 Operações com datas

Cálculos com datas em operações financeiras são facilitadas através da alternativa *"Datas"*, disponível no *menu* principal da MATEMAGICA.XLS.

Por exemplo, para saber quantos dias úteis e corridos existem entre 01/05/2001 e 03/05/2002 basta digitar as datas inicial e final no modelo, clicando posteriormente sobre os botões "Dias úteis" e "Dias corridos".

MATEMÁGICA FINANCEIRA NO EXCEL
Operações com datas
Contagem de dias
Menu
Início : terça
Fim : sexta
Dias úteis
Dias corridos
01/05/2001
03/05/2002
Limpa
Lembre-se : os feriados devem estar abastecidos.
Último feriado fornecido = 25/12/2002 Ok
Primeiro feriado fornecido = 01/01/2001 Ok

Figura 10.14 *Modelo para operações com datas na MATEMAGICA.XLS.*

Os resultados estão apresentados na Figura 10.15. Existem 251 dias úteis e 367 dias corridos entre as duas datas fornecidas.

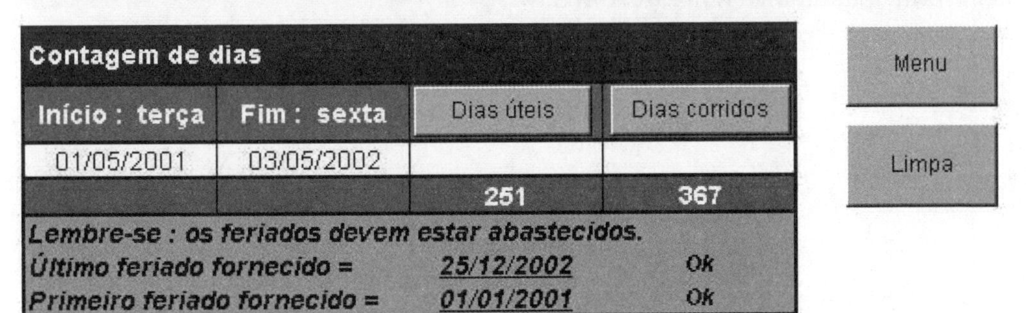

Figura 10.15 *Cálculos de dias corridos e úteis na MATEMAGICA.XLS.*

Todavia, o uso efetivo do recurso depende do abastecimento correto dos feriados, na área disponível imediatamente abaixo do modelo. Veja a Figura 10.16.

Contagem de dias				
Início : terça	Fim : sexta	Dias úteis	Dias corridos	Menu
01/05/2001	03/05/2002			Limpa
		251	367	
Lembre-se : os feriados devem estar abastecidos.				
Último feriado fornecido =		*25/12/2002*	*Ok*	
Primeiro feriado fornecido =		*01/01/2001*	*Ok*	

Relação de feriados bancários (importante para a contagem de dias úteis).					
01/01/2001	01/01/2002				
26/02/2001	11/02/2002				
27/02/2001	12/02/2002				
13/04/2001	29/03/2002				

Figura 10.16 *Área para o registro dos feriados.*

O modelo fornece um alerta ao usuário sobre a relação de feriados abastecidos, indicando o primeiro e o último feriado.

10.8 Operações com sistemas de pagamento

Cálculos com sistemas de pagamento com amortizações constantes ou prestações constantes são agilizados através da alternativa “Sistemas”, disponível no *menu* principal da MATEMAGICA.XLS.

MATEMÁGICA FINANCEIRA NO EXCEL

Operações com sistemas de pagamento

Sistema	Price
Valor Presente	
Carência (m+1)	
Taxa ao período (%)	
Número de Pagamentos	

Menu

Limpa

Período	Saldo	Pagamento			Saldo
N	Inicial	Juros	Amortização	Total	Final

Figura 10.17 *Modelo para cálculo de juros e amortizações na MATEMAGICA.XLS.*

A Figura 10.17 ilustra as opções disponíveis. Basta configurar o sistema de amortização, o valor presente, a carência vigente, a taxa e o número de pagamentos. O modelo elabora a planilha completa, destacando saldos e pagamentos de juros e amortizações.

Por exemplo, para calcular as prestações devidas após um financiamento no valor de $ 1.800,00 no sistema de amortizações constantes, com carência de um mês, taxa de 2% a.m. no regime de juros compostos e três pagamentos, basta digitar os valores apresentados na figura seguinte, configurando o modelo para a alternativa SAC.

MATEMÁGICA FINANCEIRA NO EXCEL

Operações com sistemas de pagamento

Sistema	SAC
Valor Presente	1.800,00
Carência (m+1)	1
Taxa ao período (%)	2,00%
Número de Pagamentos	3

Menu

Limpa

Período	Saldo	Pagamento			Saldo
N	Inicial	Juros	Amortização	Total	Final
1	1.800,00	(36,00)	(600,00)	(636,00)	1.200,00
2	1.200,00	(24,00)	(600,00)	(624,00)	600,00
3	600,00	(12,00)	(600,00)	(612,00)	-

Figura 10.18 *Sistema de amortizações constantes (SAC) na MATEMAGICA.XLS.*

O modelo informa que serão pagas três parcelas, com valores respectivamente iguais a $ 636,00, $ 624,00 e $ 612,00.

Caso o sistema de amortização fosse o de prestações constantes, Price, bastaria alterar a alternativa do regime. Os resultados estão apresentados na Figura 10.19.

MATEMÁGICA FINANCEIRA NO EXCEL

Operações com sistemas de pagamento

Sistema	Price
Valor Presente	1.800,00
Carência (m+1)	1
Taxa ao período (%)	2,00%
Número de Pagamentos	3

Menu

Limpa

Período N	Saldo Inicial	Pagamento Juros	Pagamento Amortização	Pagamento Total	Saldo Final
1	1.800,00	(36,00)	(588,16)	(624,16)	1.211,84
2	1.211,84	(24,24)	(599,92)	(624,16)	611,92
3	611,92	(12,24)	(611,92)	(624,16)	(0,00)

Figura 10.19 *Sistema de prestações constantes (Price) na MATEMAGICA.XLS.*

O modelo informa, por exemplo, que as prestações serão iguais a $ 624,16. A primeira prestação incluirá juros no valor de $ 36,00 e amortização no valor de $ 588,16.

Outra opção permitida pelo modelo consiste na possibilidade de atualizar as prestações com base em algum índice de correção monetária. Para isso, basta digitar os valores das correções periódicas na coluna ao lado do Saldo Final.

Por exemplo, o sistema de pagamento de um financiamento com prestações constantes no valor de $ 14.000,00, com um mês de carência, taxa de 2,50% a.m. e três prestações pode ser visto na Figura 10.20.

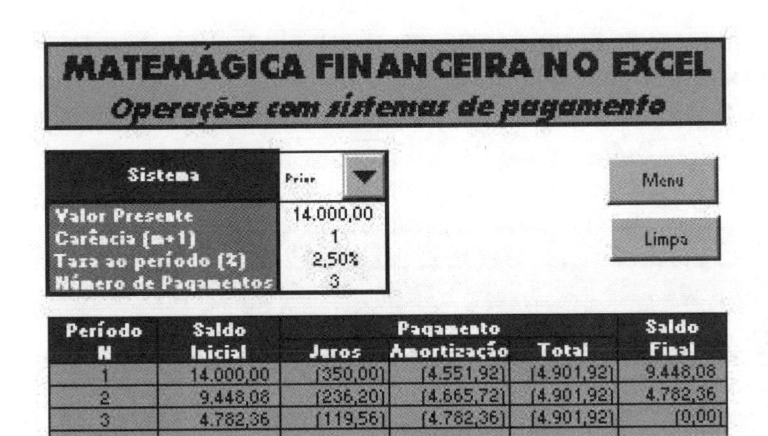

Figura 10.20 *Cálculo de prestações corrigidas na MATEMAGICA.XLS.*

Supondo que as taxas inflacionárias nos três meses da operação fossem iguais a 2%, 3% e 1% a.m., seria preciso corrigir as três prestações. O modelo de sistemas de pagamento da MATEMAGICA.XLS efetua as operações diretamente. Basta digitar o valor da correção monetária na coluna correspondente. As prestações corrigidas são iguais a \$ 4.999,96, \$ 5.149,96 e \$ 5.201,46.

10.9 Operações com equivalência de capitais

Operações com equivalência de capitais podem ser feitas na MATEMAGICA. XLS através da alternativa **Equivalência** disponibilizada no *menu* principal da planilha. Os diferentes regimes de capitalização podem ser configurados, bem como a taxa focal e a taxa de juros da operação. Veja a ilustração da Figura 10.21.

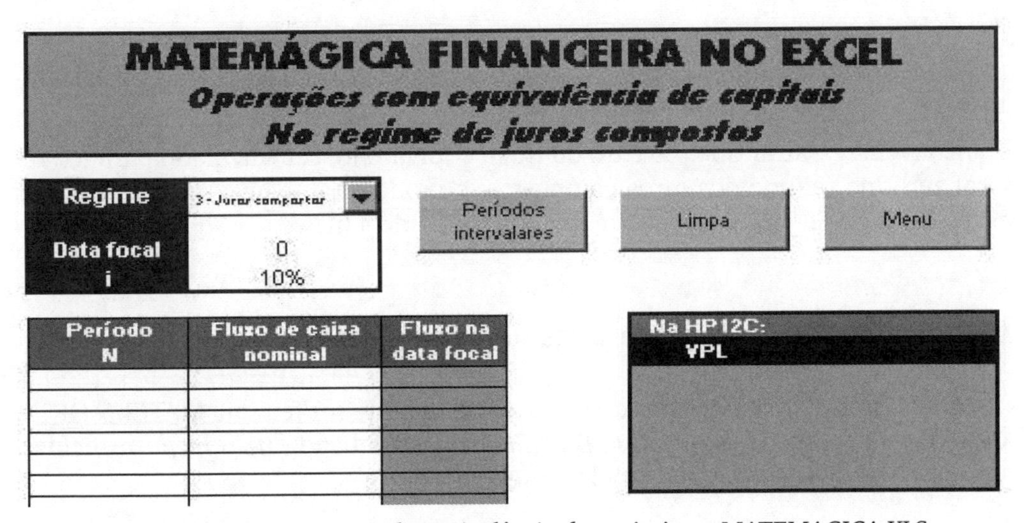

Figura 10.21 *Operações de equivalência de capitais na MATEMAGICA.XLS.*

Por exemplo, para obter o fluxo de caixa equivalente na data focal zero, no regime dos juros compostos, de um fluxo de caixa com valores mensais iguais a – $ 400,00, $ 300,00 e $ 700,00, considerando uma taxa igual a 3% a.m. pode ser visto na Figura 10.22.

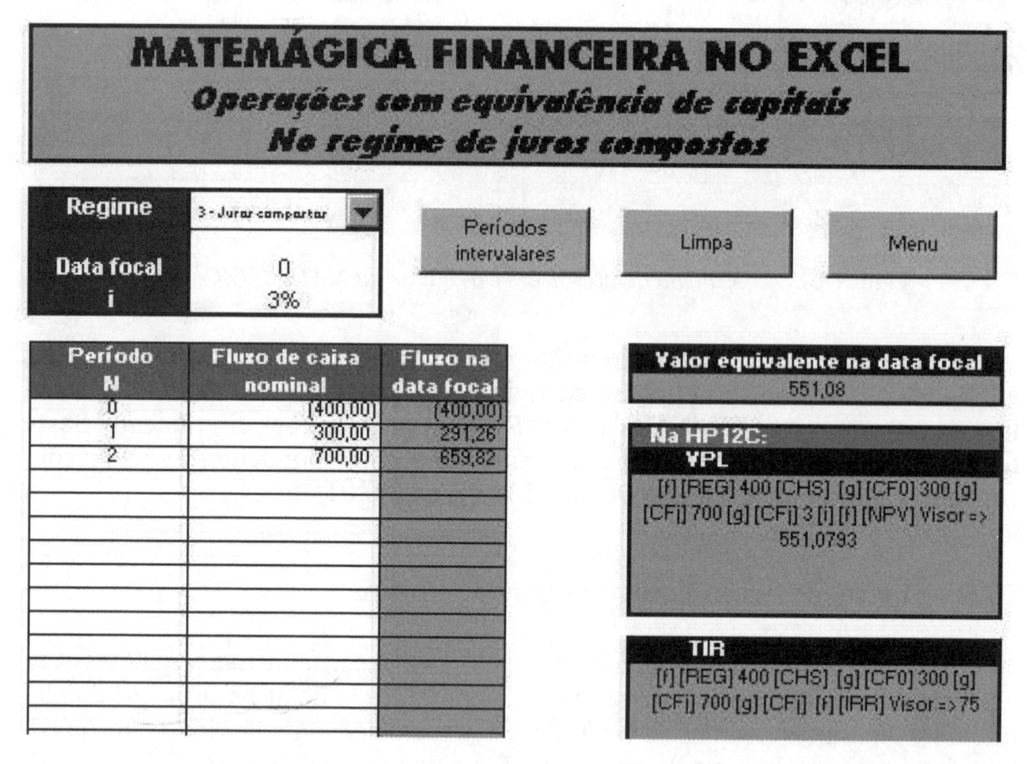

Figura 10.22 *Configuração e resultados de equivalência de capitais na MATEMAGICA.XLS.*

O valor equivalente na data focal zero, considerando o regime de juros compostos e a taxa de 3% a.m. é igual a $ 551,08.

Convém ressaltar que, no caso do fluxo equivalente ser calculado para a data focal zero, no regime dos juros compostos, o modelo também fornece os passos necessários na HP12C para a obtenção do VPL e da TIR. Veja a Figura 10.23.

10.10 Elaboração de diagramas de fluxo de caixa

A elaboração de diagramas de fluxo de caixa pode ser feita na MATEMAGICA. XLS com o auxílio da alternativa *Desenho*, disponibilizada pelo *menu* principal. Alguns exemplos estão apresentados a seguir.

Por exemplo, para desenhar o diagrama de fluxo de caixa de uma operação de financiamento no valor de $ 600,00 para pagamento em duas parcelas anuais sem entrada no valor de $ 400,00, basta abastecer os fluxos de caixa na MATEMAGICA.XLS.

Como a dimensão do gráfico é fixa, o usuário pode distribuir os fluxos ao longo da área disponível para a digitação.

Ano	FC
0	600,00
1	-400,00
2	-400,00

Figura 10.23 *Elaboração de diagrama de fluxo de caixa na MATEMAGICA.XLS.*

A Figura 10.24 ilustra o diagrama de fluxo de caixa de uma aplicação de $ 5.000,00, remunerada com retiradas anuais nos anos 3, 6 e 9 no valor de $ 3.000,00.

Ano	FC
0	-5000,00
1	
2	
3	3000,00
4	
5	
6	3000,00
7	
8	
9	3000,00
10	

Figura 10.24 *Outro exemplo de diagrama de fluxo de caixa na MATEMAGICA.XLS.*

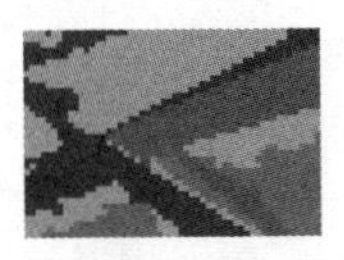

Respostas

1. O diagrama de fluxo de caixa está apresentado abaixo. A taxa de juros é igual a 25% a.m.

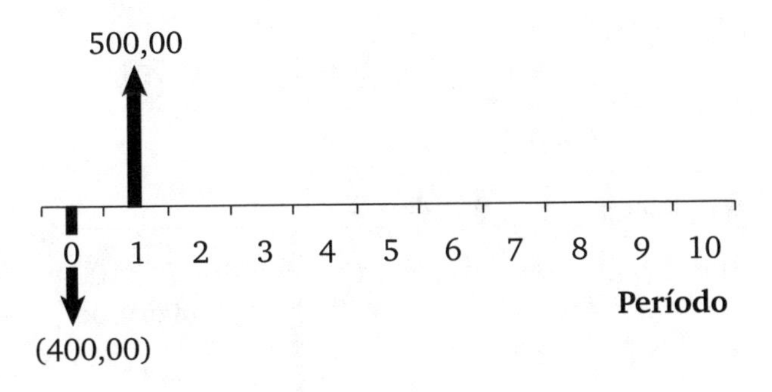

2. a) Diagrama apresentado a seguir.

b) Taxa de juros vigente na operação igual a 22,50% ao período.

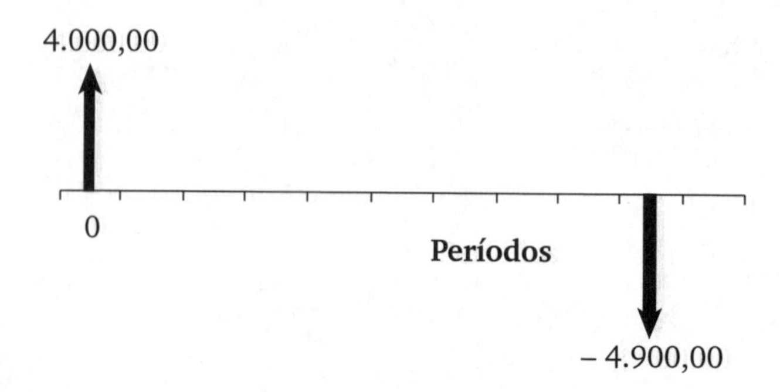

3. Sob o ponto de vista do cliente:

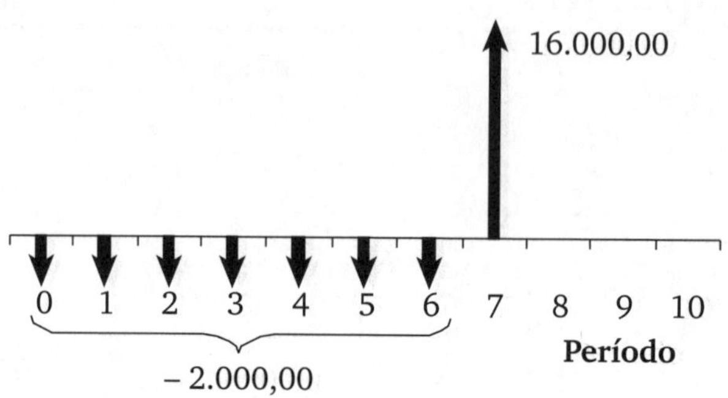

Sob o ponto de vista do banco:

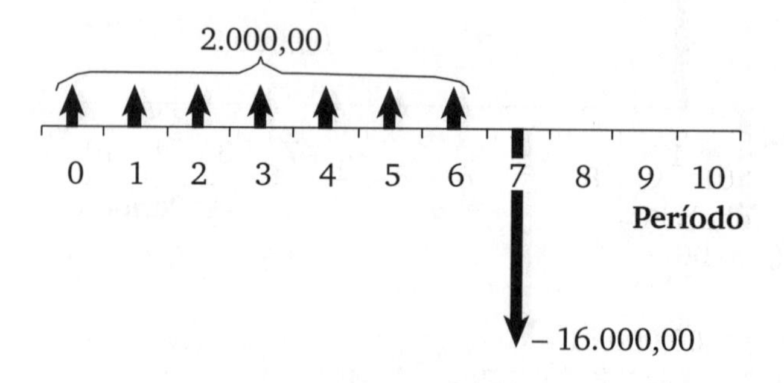

4.

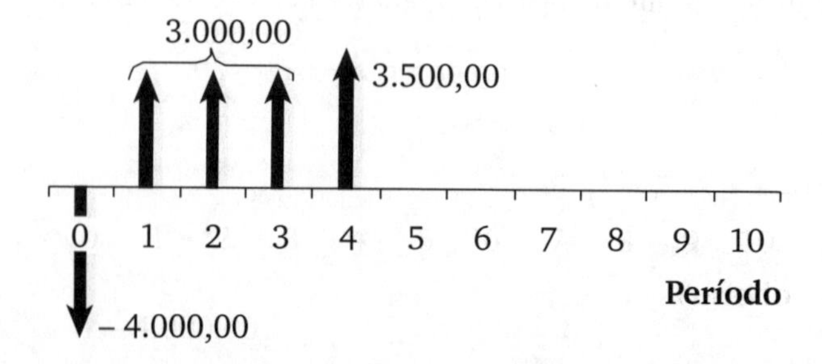

5. a) 78 [ENTER] 12 [+] Visor => 90,0000.

b) 54 [ENTER] 14 [–] Visor => 40,0000.

c) 90 [ENTER] 3 [x] Visor => 270,0000.

d) 120 [ENTER] 20 [/] Visor => 6,0000.

6. a) 80 [ENTER] 60 [–] 16 [ENTER] 6 [–] [/] Visor => 2,0000.

b) 38 [ENTER] 2 [/] 9 [–] Visor => 10,0000.

c) 50 [ENTER] 5 [/] 5 [–] 30 [ENTER] 3 [x] 80 [–] 10 [/] [/] Visor => 5,0000.

d) 78 [ENTER] 2 [ENTER] 50 [ENTER] 5 [/] [x] [–] Visor => 58,0000.

7. a) 8 [1/x] Visor => 0,1250.

b) 25 [CHS] [1/x] Visor => –0,04000.

c) 0,3333 [1/x] Visor => 3,0003.

d) 60 [1/x] Visor => 0,01667.

e) 3,42 [CHS] [1/x] Visor => – 0,2924.

f) 5 [ENTER] 3 [Y^x] Visor => 125,0000.

g) 81 [ENTER] 0,25 [CHS] [Y^x] Visor => 0,3333.

h) 65 [ENTER] 8 [Y^x] Visor => 3,186448 014 ($3,1864 \times 10^{14}$).

i) 12 [ENTER] 0,5 [CHS] [Y^x] Visor => 0,2887.

j) 36 [g] [$\sqrt{x}$] Visor => 6,0000.

k) 6400 [g] [$\sqrt{x}$] Visor => 80,000.

l) 48900 [g] [$\sqrt{x}$] Visor => 221,1334.

m) 568 [g] [$\sqrt{x}$] Visor => 23,8328.

n) 952 [g] [$\sqrt{x}$] Visor => 30,8545.

o) 56 [g] [LN] Visor => 4,0254.

p) 3 [g] [LN] Visor => 1,0986.

q) 588 [g] [LN] Visor => 6,3767.

r) 100 [g] [LN] Visor => 4,6052.

s) 1000 [g] [LN] Visor => 6,9078.

t) 10 [g] [LN] 10 [g] [LN] [/] Visor => 1,0000.

u) 500 [g] [LN] 10 [g] [LN] [/] Visor => 2,6990.

v) 0,001 [g] [LN] 10 [g] [LN] [/] Visor => – 3,0000.

w) 96 [g] [LN] 10 [g] [LN] [/] Visor => 1,9823.

x) 3 [g] [n!] Visor => 6,0000.

y) 5 [g] [n!] Visor => 120,0000.

z) 9 [g] [n!] Visor => 362.880,0000.

8. a) 500 [ENTER] 30 [%] Visor => 150,0000;

b) 900 [ENTER] 20 [%] Visor => 180,0000;

c) 600 [ENTER] 15 [%] [+] Visor => 690,0000;

d) 400 [ENTER] 12 [%] [–] Visor => 352,000.

9. 16000 [ENTER] 20000 [Δ%] 25,0000. O aumento foi igual a 25%.

10. Basta usar a função [%T]. Para o ano de 2000: 400000 [ENTER] 500000 [%T] Visor => 125,0000. Para o ano de 2001: 400000 [ENTER] 600000 [%T] Visor => 150,0000. Ou seja, assumindo-se o ano de 1999 como base, a evolução percentual apresentou valores de 125% e 150% para os anos de 2000 e 2001, respectivamente.

11. a) 1,80 [ENTER] 1,75 [%T] Visor => 97,2222.

b) 1,80 [ENTER] 2,20 [%T] Visor => 122,2222.

c) 1,80 [ENTER] 2,50 [%T] Visor => 138,8889.

12. a) 300 [ENTER] 330 [Δ%] Visor => 10,0000.

b) 400 [ENTER] 360 [Δ%] Visor => – 10,0000.

c) 480 [ENTER] 520 [Δ%] Visor => 8,3333.

Logo, o item com maior crescimento foi a alimentação.

13. 12.042000 [ENTER] 27.052000 [g] [ΔDYS] Visor => 45 dias de atraso.

14. 16.081976 [ENTER] 0 [g] [DATE] Visor => 16.081976 1 (segunda-feira).

15. 18.022001 [ENTER] 80 [g] [DATE] Visor => 09/05/2001 (3 = quarta-feira).

16. 20.041979 [ENTER] 23.042002 [g] [ΔDYS] Visor => 8.404 (dias).

17. a) 9.954, b) 9.559, c) 487, d) 91.

18. 20000 [ENTER] 0,05 [ENTER] 3 [x] 1 [+] [x] Visor => 23.000,0000.

19. 1200 [ENTER] 0,05 [ENTER] 4 [x] 1 [+] [/] Visor => 1.000,0000.

20. 1000 [ENTER] 800 [/] 1 [–] 5 [/] Visor => 0,0500.

21. 4025 [ENTER] 3500 [/] 1 [–] 0,03 [/] Visor => 5,0000.

22. 1000 [ENTER] 0,38 [ENTER] 0,5 [x] 1 [+] [x] Visor => 1.190,0000. Logo, juros iguais a $ 190,00.

23. Encontrando o primeiro montante: 28000 [ENTER] 0,18 [ENTER] 4 [ENTER] 12 [/] [x] 1 [+] [x] Visor => 29.680,0000. Reaplicando esse valor: 29680 [ENTER] 0,002 [ENTER] 90 [x] 1 [+] [x] Visor => 35.022,4000.

24. 65000 [ENTER] 0,03 [ENTER] 100 [ENTER] 30 [/] [x] 1 [+] [x] Visor => 71.500,0000. Juros iguais a 71.500 – 65.000 = $ 6.500,00.

25. 42000 [ENTER] 0,18 [ENTER] 26 [ENTER] 12 [/] [x] 1 [+] [x] Visor => 58.380,0000.

26. 38000 [ENTER] 0,17 [ENTER] 43 [ENTER] 6 [/] [x] 1 [+] [x] Visor => 84.296,6667. Logo, juros iguais a $ 46.296,67.

27. 78000 [ENTER] 0,06 [ENTER] 164 [ENTER] 360 [/] [x] 1 [+] [x] Visor => 80.132,0000.

28. 25000 [ENTER] 0,05 [ENTER] 53 [ENTER] 30 [/] [x] 1 [+] [x] Visor => 27.208,3333.

29. Aplicando a fórmula algébrica, obtém-se o valor $ 76.257,31.

30. Aplicando a fórmula algébrica obtém-se o valor $ 425.000,00.

31. 20000 [ENTER] 0,12 [ENTER] 0,25 [x] 1 [+] [/] Visor => 19.417,4757.

32. 26000 [ENTER] 0,16 [ENTER] 140 [ENTER] 365 [/] [x] 1 [+] [/] Visor => 24.496,6443.

33. 120000 [ENTER] 0,17 [ENTER]3 [x] 1 [+] [/] Visor => 79.470,1987.

34. 82000 [ENTER] 0,17 [ENTER] 5 [ENTER] 12 [/] [x] 1 [+] [/] Visor => 76.575,8755.

35. 27400 [ENTER] 25000 [/] 1 [–] 0,28 [/] Visor => 0,3429 (em anos). Logo, em dias: 0,3429 x 360 = 123,43 = 124 dias.

36. 300 [ENTER] 100 [/] 1 [–] 0,08 [/] Visor => 25,0000.

37. 500 [ENTER] 100 [/] 1 [–] 1,82 [/] Visor => 2,1978 (em anos). Em dias: 2,1978 x 360 = 791,21 = 792 dias.

38. 105000 [ENTER] 90000 [/] 1 [–] 6 [/] Visor => 0,0278. Taxa igual a 2,78% a.m.

39. 120 [ENTER] 100 [/] 1 [–] 24 [/] Visor => 0,0083. Taxa igual a 0,83% a.m.

40. 18600 [ENTER] 12000 [/] 1 [–] 4 [/] Visor => 0,1375. Rentabilidade igual a 13,75% a.m.

41. 124 [ENTER] 100 [/] 1 [–] 15 [ENTER] 12 [/] [/] Visor => 0,1920. Taxa igual a 19,20% a.a.

42. Aplicando as expressões algébricas, é possível encontrar 0,7576 ano ou 9,0909 meses.

43. Para obter a resposta é preciso somar os dois valores carregados para a data 150: 40.000 x (1 + 0,04 x 4) = $ 46.400,00; 100.000 x (1 + 0,04 x 1) = $ 104.000,00. A soma dos dois valores futuros é igual a $ 150.400,00.

44. Capitalizando todos os valores para a data focal 14, é possível encontrar $ 107.520,00.

45. Os três valores nominais de $ 1.000,00 trazidos a valor presente são iguais a $ 982,32, $ 965,25 e $ 948,77. A soma dos três é igual a $ 2.896,34. Logo, a entrada deve ser igual a $ 103,66.

46. Basta calcular os dois valores presentes e somar o resultado obtido: 5000 [ENTER] 0,035 [ENTER]3 [x] 1 [+] [/] Visor => 4.524,8869; 6000 [ENTER] 0,035 [ENTER] 6 [x] 1 [+] [/] Visor => 4.958,6777. Logo, seria preciso aplicar a importância de $ 9.483,56.

47. 18% a.s. e 36% a.a.

48. (a) 15% a.m., (b) 18,4% a.m., (c) 4% a.m.

49. a) 2,5 [ENTER] 12 [x] Visor => 30,0000 (% a.a.).

b) 56 [ENTER] 3 [x] Visor => 168,0000 (% a.a.).

c) 32.5 [ENTER] 5 [/] 12 [x] Visor => 78,0000 (% a.a.).

50. 72 [ENTER] 6 [/] Visor => 12,0000 (% a.m.).

51. 25 [ENTER] 2 [/] Visor => 12,5000 (% a.s.).

52. 18 [ENTER] 3 [/] Visor => 6,0000. Taxa igual a 6% a.m.

53. Basta aplicar a fórmula, com o cuidado de expressar **n** em meses. As respostas são $ 172,27 e $ 3.227,73. Solução: VP = VF (1 – i_d.n) = 3400 [1 – 0,04 × (38/30)] = 3227,73. D = VF – VP = 3400 – 3227,73 = 172,27. Na HP12C, para achar o valor líquido após a operação de desconto comercial: 3400 [ENTER] 1 [ENTER] 0,04 [ENTER] 1,26666667 [x] [–] [x] Visor => 3.227,7333.

54. 48000 [ENTER] 56 [ENTER] 30 [/] 0,0562 [x] [x] Visor => $ 5.035,52. Taxa anual de desconto racional simples: 48000 [ENTER] 42964,48 [/] 1 [–] 56 [ENTER] 360 [/] [/] Visor => 0,7534. Taxa igual a 75,34% a.a.

55. 31000 [ENTER] 1 [ENTER] 0,02 [ENTER] 1,93333333 [x] [–] [x] Visor => 29.801,3333. Logo, o desconto foi igual a $ 1.198,67.

56. 42000 [ENTER] 1 [ENTER] 0,22 [ENTER] 0,25 [x] [–] [x] Visor => 39.690,0000.

57. 400 [ENTER] 80000 [ENTER] 50 [ENTER] 30 [/] [x] [/] Visor => 0,0030.

58. 1 [ENTER] 72400 [ENTER] 80000 [/] [–] 0,03 [/] Visor => 3,1667 (meses). Convertendo para dias, acha-se o valor de 95 dias.

59. a) 16000 [ENTER] 1 [ENTER] 0,018 [ENTER] 5,2 [x] [–] [x] Visor => 14.502,4000, logo o desconto foi igual a $ 1.497,60.

b) $ 14.502,40.

c) 16000 [ENTER] 14502,4 [/] 1 [–] 156 [ENTER] 30 [/] [/] Visor => 0,0199. Logo, a taxa efetiva foi igual a 1,99% a.m.

60. Considerando VF = $ 100,00, VP: 100 [ENTER] 1 [ENTER] 0,025 [ENTER] 4 [x] [–] [x] Visor => 90,0000. Substituindo os valores de VP e VF na fórmula dos juros simples, acha-se a taxa efetiva: 100 [ENTER] 90 [/] 1 [–] 4 [/] Visor => 0,0278. Taxa igual a 2,78% a.m.

61. 3400 [ENTER] 1 [ENTER] 0,03 [ENTER] 3 [x] [–] [x] Visor => 3.094,0000. Desconto é igual a $ 306,00.

62. 65800 [ENTER] 1 [ENTER] 0,068 [ENTER] 2,06666667 [x] [–] [x] Visor => 56.552,9067.

63. 50000 [ENTER] 1 [ENTER] 0,28 [ENTER] 0,41666667 [x] [–] [/] Visor => 56.603,7736. Substituindo na fórmula de juros simples, é possível achar uma taxa efetiva no valor de 31,6981% a.a.

64. Para encontrar as respostas, o meio mais fácil consiste no desenho do DFC: (a) 14% a.m.; (b) 28% a.m.

65. 115 [ENTER] 114 [/] 1 [–] 0,25 [/] Visor => 0,0351 (em anos). Em dias: 12,63 = 13 dias.

66. 100 [ENTER] 87 [/] 1 [–] 0,25 [/] Visor => 0,5977. Taxa igual a 59,77% a.a.

67. Em operações de desconto comercial ou juros simples, é possível construir um fluxo sintético da operação, considerando o somatório dos títulos e o prazo médio ponderado: 1 [ENTER] 180000 [ENTER] 200000 [/] [–] 90 [ENTER] 360 [/] [/] Visor => 0,4000. Ou seja, taxa igual a 40% a.a.

68. Basta aplicar a fórmula diretamente: $ 210,00.

$VP = VF.(1 - i_d.n - t) = 3000\ (1 - 0{,}02 \times 3 - 0{,}01) = 2.790{,}00.$

$D = VF - VP = 3.000 - 2.790 = 210.$

Na HP12C: 3000 [ENTER] 1 [ENTER] 0,02 [ENTER] 3 [x] [–] 0,01 [–] [x] Visor => 2.790,0000.

69. $VP = VF.(1 - i_d.n - t) = 40.000\ (1 - 0{,}03 \times 50/30 - 0{,}002) = \$\ 37.920{,}00.$

70. $VP = VF.(1 - i_d.n - t) = 60000\ (1 - 0{,}04 \times 2 - 0{,}01) = \$\ 54.600{,}00.$ Empregando o valor obtido na HP12C: [t] [REG] 60000 [ENTER] 54600 [/] 1 [–] 2 [/] Visor => 0,0495. Taxa igual a 4,95% AM.

71. Aplicando a fórmula, é possível encontrar uma taxa igual a 2%.

72. [f] [REG] 25 [ENTER] 12 [/] [n] 18 [i] 50000 [CHS] [PV] [FV] Visor => 70.586,9125.

73. [f] [REG] 6 [n] 12 [i] 32000 [FV] [PV] Visor => – 16.212,1959.

74. [f] [REG] 4,5 [n] 10 [i] 4500 [FV] [PV] Visor => – 2.930,5250.

75. [f] [REG] 10 [n] 6 [i] 60000 [FV] [PV] Visor => – 33.503,6866.

76. [f] [REG] 36 [n] 40000 [CHS] [PV] 68000 [FV] [i] Visor => 1,4849.

77. [f] [REG] 2 [i] 40000 [CHS] [PV] 43297,29 [FV] [n] Visor => 4,0000.

78. [f] [REG] 4 [i] 80000 [CHS] [PV] 88241,59 [FV] [n] Visor => 3,0000. A HP aproxima o cálculo de *n* para o inteiro superior. Seu valor com quatro casas é igual a 2,500. Ou seja, o prazo da operação é igual a 2,5 meses ou 75 dias.

79. [f] [REG] 12 [n] 4 [i] 68000 [CHS] [PV] [FV] Visor => 108.870,1909.

80. [f] [REG] 72 [n] 80000 [CHS] [PV] 95000 [FV] [i] Visor => 0,2390. Taxa igual a 0,2390% a.m.

81. [f] [REG] 16 [ENTER] 12 [/] [n] 37000 [CHS] [PV] 63000 [FV] [i] Visor => 49,0576.

82. [f] [REG] 10 [ENTER] 12 [/] [n] 400000 [CHS] [PV] 440000 [FV] [i] Visor => 12,1169.

83. O valor da primeira parcela é: [f] [REG] 6 [n] 1,4 [i] 40000 [FV] [PV] Visor => – 36.798,6818. O valor presente da segunda parcela é: [f] [REG] 10 [n] 1,4 [i] 60000 [FV] [PV] Visor => – 52.212,1648. A soma dos dois valores resulta em $ 89.010,85.

84. (a) 34,74% a.p.; (b) [f] [REG] 4 [n] 100 [CHS] [PV] 134,74 [FV] [i] Visor => 7,7393.

85. [f] [REG] 3 [n] 96 [PV] 100 [CHS] [FV] [i] Visor => 1,3700.

86. a) [f] [REG] 30 [n] 2 [i] 1000 [CHS] [FV] [PV] Visor => 552,0709.

b) [f] [REG] 0,6 [n] 2 [i] 5600 [CHS] [FV] [PV] Visor => 5.533,8569.

c) [f] [REG] 32 [n] 2 [i] 18000 [CHS] [FV] [PV] Visor => 9.551,3995.

87. Bastaria obter os valores presentes do valor $ 400.000,00 daqui a um ano, ou seja, quatro anos antes do prazo. Este valor deve ser comparado com $ 200.000,00. A melhor opção é aquela que apresentar maior valor daqui a um ano.

a) [f] [REG] 4 [n] 0 [i] 400000 [CHS] [FV] [g] [END] [PV] Visor => 400.000,0000. É melhor optar pelos $ 400.000,00.

b) [f] [REG] 4 [n] 8 [i] 400000 [CHS] [FV] [g] [END] [PV] Visor => 294.011,9411. É melhor optar pelos $ 400.000,00.

c) [f] [REG] 4 [n] 22 [i] 400000 [CHS] [FV] [g] [END] [PV] Visor => 180.559,6352. Neste caso, é melhor optar pelos $ 200.000,00.

d) [f] [REG] 4 [n] 200000 [i] 400000 [CHS] [FV] [g] [END] [i] Visor => 18,9207. A taxa é igual a 18,9207% a.a.

88. [f] [REG] 8 [ENTER] 12 [/] [n] 24 [i] 6000 [PV] [FV] Visor => – 6.925,2009.

89. [f] [REG] 2 [ENTER] 12 [/] [n] 15 [i] 65000 [CHS] [PV] [FV] Visor => 6.6531,8598. Juros iguais a $ 1.531,86.

90. [f] [REG] 30 [n] 2 [i] 54000 [PV] [FV] Visor => – 97.813,5255.

91. [f] [REG] 140 [ENTER] 30 [/] [n] 3 [i] 80000 [CHS] [PV] [FV] Visor => 91.832,6328. Juros iguais a $ 11.832,63.

92. [f] [REG] 27,5 [n] 2 [i] 67000 [CHS] [PV] [FV] Visor => 115.499,3463. Juro igual a $ 48.499,35.

93. [f] [REG] 5 [ENTER] 12 [/] [n] 18,4 [i] 20000 [CHS] [PV] [FV] Visor => 21.458,1959.

94. [f] [REG] 5 [n] 3 [i] 40000 [CHS] [PV] [FV] Visor => 46.370,9630.

95. [f] [REG] 18 [n] 3 [i] 60000 [PV] [FV] Visor => – 102.145,9837.

96. [f] [REG] 22 [n] 0,7 [i] 58000 [CHS] [PV] [FV] Visor => 67.620,1836. Juros iguais a $ 9.620,18.

97. [f] [REG] 2 [n] 4,25 [i] 80000 [PV] [FV] Visor => – 86.944,5000.

98. Para resolver este exercício de forma simples, basta lembrar que taxa de juros é sagrada. Logo, basta converter o prazo para a unidade da taxa apresentada.

a) [f] [REG] 6 [n] 2,8 [i] 14000 [CHS] [PV] [FV] Visor => 16.522,9171. Juros iguais a $ 2.522,92.

b) [f] [REG] 1,25 [n] 33,6 [i] 14000 [CHS] [PV] [FV] Visor => 20.108,7979. Juros iguais a $ 6.108,80.

c) [f] [REG] 158 [ENTER] 2 [x] 365 [/] [n] 16 [i] 14000 [CHS] [PV] [FV] Visor => 15.919,6223. Juros iguais a $ 1.919,62.

d) [f] [REG] 2,25 [n] 14 [i] 14000 [CHS] [PV] [FV] Visor => 18.800,2641. Juros iguais a $ 4.800,26.

e) [f] [REG] 20 [n] 29 [i] 14000 [CHS] [PV] [FV] Visor => 2.279.933,8243. Juros iguais a $ 2.265.933,82.

99. [f] [REG] 1 [ENTER] 12 [/] [n] 18 [i] 12000 [PV] [FV] Visor => – 12.166,6612.

100. [f] [REG] 5 [ENTER] 12 [/] [n] 19 [i] 58000 [CHS] [FV] [PV] Visor => 53.944,8628.

101. [f] [REG] 0,5 [n] 14 [i] 50000 [CHS] [FV] [PV] Visor => 46.829,2906.

102. [f] [REG] 0,25 [n] 12,4 [i] 38000 [FV] [PV] Visor => – 36.905,5786.

103. [f] [REG] 2 [n] 14 [i] 35000 [FV] [PV] Visor => – 26.931,3635.

104. [f] [REG] 36 [n] 3 [i] 40000 [FV] [PV] Visor => – 13.801,2970.

105. [f] [REG] 110 [ENTER] 30 [/] [n] 2,82 [i] 42000 [CHS] [FV] [PV] Visor => 37.928,4206.

106. [f] [REG] 43 [ENTER] 30 [/] [n] 6 [i] 100000 [FV] [PV] Visor => – 91.987,3822.

107. [f] [REG] 8 [n] 100000 [CHS] [PV] 320000 [FV] [i] Visor => 15,6495.

108. [f] [REG] 12 [n] 100 [CHS] [PV] 130 [FV] [i] Visor => 2,2104.

109. [f] [REG] 16 [n] 21000 [PV] 27000 [CHS] [FV] [i] Visor => 1,5831.

110. [f] [REG] 6 [n] 100 [CHS] [PV] 150 [FV] [i] Visor => 6,9913.

111. [f] [REG] 58 [ENTER] 360 [/] [n] 97800 [PV] 100000 [CHS] [FV] [i] Visor => 14,8063.

112. [f] [REG] 1,5 [n] 35000 [ENTER] 23% [–] [PV] 35000 [CHS] [FV] [i] Visor => 19,0345.

113. [f] [REG] 36 [n] 108800 [PV] 160000 [CHS] [FV] [i] Visor => 1,077.

114. [f] [REG] 12 [n] 10000 [CHS] [PV] 34000 [FV] [i] Visor => 10,7363.

115. O prazo da operação é igual a 63 dias. Na HP12C: [f] [REG] 63 [ENTER] 30 [/] [n] 20000 [CHS] [PV] 21000 [FV] [i] Visor => 2,3505.

116. [f] [REG] 26 [i] 100 [CHS] [PV] 500 [FV] [n] Visor => 7. A HP aproxima o cálculo de *n* para o inteiro superior. Seu valor com quatro casas é igual a 6,9639 anos. Convertendo anos em meses: 83,57 meses.

117. a) [f] [REG] 4 [n] 3,6 [i] 82000 [CHS] [PV] [FV] Visor => 94.461,0729.
b) [f] [REG] 30 [n] 8 [i] 82000 [CHS] [PV] [FV] Visor => 825.137,8649.
c) [f] [REG] 6 [n] 16 [i] 82000 [CHS] [PV] [FV] Visor => 199.784,4985.
d) [f] [REG] 10 [n] 25 [i] 82000 [CHS] [PV] [FV] Visor => 763.684,5112.
e) [f] [REG] 49 [n] 0,37 [i] 82000 [CHS] [PV] [FV] Visor => 98.266,6466.
f) [f] [REG] 17 [ENTER] 360 [/] [n] 9 [i] 82000 [CHS] [PV] [FV] Visor => 82.334,3791.

118. a) [f] [REG] 4 [n] 6 [i] 5000 [CHS] [PV] [FV] Visor => 6.312,3848.
b) [f] [REG] 4 [n] 10 [i] 5000 [CHS] [PV] [FV] Visor => 7.320,5000.
c) [f] [REG] 8 [n] 6 [i] 5000 [CHS] [PV] [FV] Visor => 7.969,2404.
d) Não é o dobro porque a capitalização composta é exponencial e não linear.

119. [f] [REG] 60 [n] 48000 [CHS] [PV] 92000 [FV] [i] Visor => 1,0902.

120. [f] [REG] 10 [n] 18 [i] 39000 [CHS] [PV] [FV] Visor => 204.119,5866.

121. Calculando o VP do terreno mediante a aplicação da taxa fornecida: [f] [REG] 36 [n] 1,4 [i] 230000 [FV] [PV] Visor => – 139.431,6787. Como o preço do terreno ($ 180.000,00) é superior ao que Mariana desejaria pagar ($ 139.431,68) para obter a rentabilidade desejada, a compra do terreno não seria uma boa alternativa de investimento.

122. [f] [REG] 6 [n] 1,8 [i] 80000 [CHS] [PV] [FV] Visor => 89.038,2581. Juros brutos iguais a 9.038,26, rendimento líquido igual a 7.230,61. Cálculo da taxa efetiva: [f] [REG] 6 [n] 80000 [CHS] [PV] 87230,61 [FV] [i] Visor => 1,4526. Taxa igual a 1,45% a.m.

123. Primeiro, é preciso calcular a diferença do VP financiado. Na HP12C: [f] [REG] 2 [n] 2 [i] 1000 [CHS] [FV] [PV] Visor => 961,1688. Logo, o valor financiado é igual a 2.000 – 500 – 961,17 = 538,83. Calculando o VF: [f] [REG] 4 [n] 2 [i] 538,83 [PV] [FV] Visor => – 583,2469. A parcela será igual a $ 583,25, aproximadamente.

124. O valor da soma dos três títulos anteriores na data focal seis é igual a $ 413.728,20. Logo, a operação é justa.

125. Usando os registradores financeiros da HP12C:

a) [f] [REG] 6 [n] 2 [i] 100 [CHS] [PV] [FV] Visor => 112,6162. Logo, a taxa efetiva semestral é igual a 12,6162% a.s.

b) [f] [REG] 12 [n] 2 [i] 100 [CHS] [PV] [FV] Visor => 126,8242. Logo, a taxa efetiva anual é igual a 26,8242% a.a.

126. a) [f] [REG] 365 [n] 100 [CHS] [PV] 152 [FV] [i] Visor => 0,1148.

b) [f] [REG] 52 [n] 100 [CHS] [PV] 152 [FV] [i] Visor => 0,8085.

127. [f] [REG] 12 [n] 2,5 [i] 100 [CHS] [PV] [FV] Visor => 134,4889. Logo, 34,49% a.a.

128. [f] [REG] 183 [ENTER] 360 [/] [n] 100 [CHS] [PV] 116 [FV] [i] Visor => 33,9068. Taxa efetiva igual a 33,91% a.a., aproximadamente.

129. a) [f] [REG] 12 [n] 2 [i] 100 [CHS] [PV] [FV] Visor => 126,8242. Logo, a taxa é igual a 26,82% a.a.

b) [f] [REG] 2 [n] 9 [i] 100 [CHS] [PV] [FV] Visor => 118,81. Logo, 18,81% a.a.

130. Usando os registradores financeiros da HP12C, definindo VP = $ 100,00:

a) [f] [REG] 2 [n] 18 [i] 100 [CHS] [PV] [FV] Visor => 139,24. Logo, 39,24% a.a.

b) [f] [REG] 4 [n] 9 [i] 100 [CHS] [PV] [FV] Visor => 141,1582. Logo, 41,16% a.a.

Usando o programa para equivalência de taxas:

a) 36 [ENTER] 2 [/] [i] 1 [FV] 2 [PV] [R/S] Visor => 39,2400.

b) 36 [ENTER] 4 [/] [i] 1 [FV] 4 [PV] [R/S] Visor => 41,1582.

131. [f] [REG] 24 [n] 5 [ENTER] 12 [/] [i] 22000 [CHS] [PV] [FV] Visor => 24.308,7094.

132. [f] [REG] 5 [n] 38 [ENTER] 12 [/] [i] 60000 [FV] [PV] Visor => – 51.339,8100.

133. a) $ 300,00.

b) 3% a.t.

c) [f] [REG] 4 [n] 3 [i] 100 [CHS] [PV] [FV] Visor => 112,5509. Logo, a taxa de juros é igual a 12,5509% a.a.

134. Usando os registradores financeiros da HP12C:

a) [f] [REG] 12 [n] 2 [i] 100 [CHS] [PV] [g] [END] [FV] Visor => 126,8242. Logo, a taxa efetiva anual é igual a 26,82% a.a.

b) [f] [REG] 12 [n] 100 [CHS] [PV] 124 [FV] [g] [END] [i] Visor => 1,8088. A taxa é igual a 1,8088% a.m. Calculando a nominal anual: 1,8088% × 12 = 21,7056%.

Usando o programa para equivalência de taxas:

a) 24 [ENTER] 12 [/] [i] 1 [FV] 12 [PV] [R/S] Visor => 26,8242.

b) 24 [i] 12 [FV] 1 [PV] [R/S] 12 [x] Visor => 21,7051.

135. Os valores futuros obtidos seriam iguais a:

a) [f] [REG] 4 [n] 48 [i] 77000 [CHS] [PV] [FV] Visor => 369.434,6163.

b) [f] [REG] 8 [n] 15 [i] 77000 [CHS] [PV] [FV] Visor => 235.544,7604.

c) [f] [REG] 48 [n] 3 [i] 77000 [CHS] [PV] [FV] Visor => 318.183,3947.

Logo, a melhor alternativa é a da letra **a**.

136. a) [f] [REG] 2,5 [n] 18 [i] 66000 [CHS] [PV] [FV] Visor => 99.827,2147.

b) [f] [REG] 5 [n] 9 [i] 66000 [CHS] [PV] [FV] Visor => 101.549,1810.

c) [f] [REG] 30 [n] 1,5 [i] 66000 [CHS] [PV] [FV] Visor => 103.163,2946.

137. 4,04%, 6,08% e 3,02% (a.m.).

138. a) [f] [REG] 3 [n] 40000 [CHS] [PV] 52000 [FV] [i] Visor => 9,1393. Taxa igual a 9,1393% a.m.

b) Aplicando o conceito de taxa unificada: 5,96% a.m.

139. (a) 363; (b) 35; (c) 976.

140. 13/07/2001 (sexta).

141. a) [f] [REG] 12 [n] 100 [CHS] [PV] 124 [FV] [i] Visor => 1,8088.

b) [f] [REG] 6 [n] 100 [CHS] [PV] 107 [FV] [i] Visor => 1,1340.

142. a) [f] [REG] 360 [n] 0,2 [i] 100 [CHS] [PV] [FV] Visor => 205,2957. A taxa é igual a 105,2957% a.a.

b) [f] [REG] 6 [n] 15 [i] 100 [CHS] [PV] [FV] Visor => 231,3061. A taxa é igual a 131,3061% a.a.

c) [f] [REG] 4 [n] 19 [i] 100 [CHS] [PV] [FV] Visor => 200,5339. A taxa é igual a 100,5339% a.a.

143. [f] [REG] 21 [n] 1,9 [ENTER] 30 [/] [i] 100 [CHS] [PV] [FV] Visor => 101,3385. A taxa é igual a 1,3385% a.m.

144. a) [f] [REG] 55 [n] 2,84 [ENTER] 30 [/] [i] 100 [CHS] [PV] [FV] Visor => 105,342. A taxa é igual a 5,342% a.p.

b) [f] [REG] 80 [ENTER] 30 [/] [n] 100 [CHS] [PV] 105,34 [FV] [i] Visor => 1,9700. A taxa é igual a 1,97% a.m.

145. a) [f] [REG] 252 [n] 2,44 [ENTER] 30 [/] [i] 100 [CHS] [PV] [FV] Visor => 122,7374. Taxa igual a 22,7374% a.a.

b) [f] [REG] 252 [n] 2,12 [ENTER] 30 [/] [i] 100 [CHS] [PV] [FV] Visor => 119,4846. Taxa igual a 19,4846% a.a.

c) [f] [REG] 252 [n] 1,40 [ENTER] 30 [/] [i] 100 [CHS] [PV] [FV] Visor => 112,4763. Taxa igual a 12,4768% a.a.

146. 14.052001 [ENTER] 27.082001 [g] [DDYS] Visor => 105,0000 (dias).

147. (a) 27 e 40; (b) 130 e 187; (c) 160 e 229.

148. [f] [REG] 21 [n] 2,05 [ENTER] 30 [/] [i] 108000 [CHS] [PV] [FV] Visor => 109.560,4363. Juros iguais a $ 1.560,44.

149. [f] [REG] 46 [n] 2,20 [ENTER] 30 [/] [i] 400000 [FV] [PV] Visor => – 386.736,4977. PU igual a $ 386.736,50.

150. No período, existem 93 dus ou 134 dcs. Na HP12C: [f] [REG] 134 [ENTER] 30 [/] [n] 2,4 [i] 100 [CHS] [PV] [FV] Visor => 111,1748. A taxa efetiva ao período é igual a 11,1748% a.p. A taxa efetiva ao dia útil pode ser obtida como: [f] [REG] 93 [n] 100 [CHS] [PV] 111,17 [FV] [i] Visor => 0,1140. A taxa *over* é igual a 0,1140 × 30 = 3,4192 % a.m.o.

Outra solução pode ser obtida mediante a aplicação do programa de conversão de taxas equivalentes da HP12C. Com o programa abastecido, basta digitar: 2,4 [i] 30 [FV] 134 [PV] [R/S] Visor => 11,1748 (taxa ao período). Decompondo para a efetiva ao dia útil: [i] 93 [FV] 1 [PV] [R/S] Visor => 0,1140. Encontrando a nominal: 30 [×] Visor => 3,4192 (% a.m.o.).

151. No prazo da operação, verificam-se 105 dus ou 152 dcs. Na HP12C: [f] [REG] 105 [n] 1,80 [ENTER] 30 [/] [i] 100 [CHS] [PV] [FV] Visor => 106,5007. Calculando a taxa equivalente mensal: [f] [REG] 152 [ENTER] 30 [/] [n] 100 [CHS] [PV] 106,5007 [FV] [i] Visor => 1,2508.

152. No intervalo da operação, existem 86 dus. Calculando a taxa efetiva do CDI no período: [f] [REG] 86 [n] 2,8 [ENTER] 30 [/] [i] 100 [PV] [FV] Visor => – 108,3535. A taxa efetiva para a operação é igual a: 8,3535% × 0,98 = 8,1830% a.p. Logo, o valor dos juros recebidos na operação é igual a $ 19.639,20.

153. Na operação existem 66 dus. Na HP12C: [f] [REG] 66 [n] 3,20 [ENTER] 30 [/] [i] 80000 [FV] [PV] Visor => – 74.564,4726. O valor presente ou preço unitário do papel é igual a $ 74.564,47.

154. O papel será negociado 51 dus antes do vencimento. Na HP12C, sem considerar a variação da taxa, o valor normal seria: [f] [REG] 51 [n] 3,20 [ENTER] 30 [/] [i] 80000 [FV] [PV] Visor => – 75.766,4534.

a) O novo valor seria: [f] [REG] 51 [n] 3,50 [ENTER] 30 [/] [i] 80000 [FV] [PV] Visor => – 75.381,4570.

b) O prejuízo seria de $ 385,00.

155. a) O novo preço seria igual a: [f] [REG] 51 [n] 2,9 [ENTER] 30 [/] [i] 80000 [FV] [PV] Visor => – 76.153,4549.

b) O lucro seria igual a $ 387,00.

156. Calculando a taxa efetiva do CDI para o prazo da operação: [f] [REG] 41 [n] 1,9 [ENTER] 30[/] [i] 100 [PV] [FV] Visor => – 102,6298. A taxa efetiva para operação, considerando 104% do CDI, é igual a 2,6298 × 1,04 = 2,7350% a.p. Calculando a efetiva prefixada para o período: [f] [REG] 2 [n] 1,8 [i] 100 [PV] [FV] Visor => – 103,6324, o que resulta em uma taxa efetiva igual a 3,6324% a.p. Logo, é melhor captar na taxa pós-fixada, supondo a manutenção da taxa anterior do CDI para todo o prazo da operação.

157. No prazo da operação, existem 147 dus. Calculando a estimativa para a taxa pós-fixada efetiva no período: [f] [REG] 147 [n] 2,25 [ENTER] 30 [/] [i] 100 [PV] [FV] Visor => – 111,6511. Logo, taxa estimada para a operação é igual a 99% × 11,6511% = 11,5346 % a.p. Calculando a efetiva prefixada para o período: [f] [REG] 210 [ENTER] 30 [/] [n] 1,4 [i] 100 [PV] [g] [END] [FV] Visor => – 110,2213, o que resulta em uma taxa igual a 10,2213% a.p. Logo, seria melhor aplicar na pós-fixada, supondo a manutenção da taxa anterior do CDI para todo o prazo da operação.

158. [f] [REG] 3 [n] 400 [PV] 190 [CHS] [PMT] [g] [END] [i] Visor => 20,0370. A taxa é aproximadamente igual a 20,04% ao mês.

159. a) [f] [REG] 3 [n] 1200 [PV] 500 [CHS] [PMT] [g] [BEG] [i] Visor => 27,4659. Supondo a série antecipada, o valor da taxa seria igual a 27,47% a.m.

b) [f] [REG] 3 [n] 1200 [PV] 500 [CHS] [PMT] [g] [END] [i] Visor => 12,0444. Supondo série postecipada, a taxa seria igual a 12,04% a.m.

160. a) [f] [REG] 6 [n] 2,3 [i] 1800 [PV] [g] [BEG] [PMT] Visor => – 317,3094.

b) [f] [REG] 6 [n] 2,3 [i] 1800 [PV] [g] [END] [PMT] Visor => – 324,6075.

161. [f] [REG] 4 [n] 5300 [PV] 1500 [CHS] [PMT] [g] [END] [i] Visor => 5,1536.

162. [f] [REG] 14 [n] 1,8 [i] 3400 [PMT] [g] [END] [PV] Visor => – 41.746,5958.

163. [f] [REG] 6 [n] 500 [CHS] [PMT] 3154,06 [FV] [i] Visor => 2,0000.

164. [f] [REG] 24 [n] 2,2 [i] 4000 [FV] [g] [BEG] [PMT] Visor => – 125,5441.

165. [f] [REG] 2 [i] 40000 [PV] 8486,34 [CHS] [PMT] [g] [END] [n] Visor => 5,0000.

166. [f] [REG] 25 [n] 13 [i] 280000 [FV] [g] [END] [PMT] Visor => – 1.799,2597. Os depósitos anuais deverão ser iguais a $ 1.799,26, aproximadamente.

167. a) [f] [REG] 8 [n] 12 [i] 16000 [PMT] 400000 [FV] [g] [END] [PV] Visor => – 241.035,5275.

b) [f] [REG] 8 [n] 16 [i] 16000 [PMT] 400000 [FV] [g] [END] [PV] Visor => – 191.507,637.

168. [f] [REG] 14 [n] 300 [CHS] [PMT] 6000 [FV] [g] [END] [i] Visor => 5,2916.

169. [f] [REG] 24 [n] 2 [i] 117600 [PV] [g] [END] [PMT] Visor => – 6.217,641. Logo, o valor da prestação deve ser igual a $ 6.217,64, acrescido do IGP-M.

170. [f] [REG] 420 [n] 0,8 [i] 500000 [FV] [g] [END] [PMT] Visor => – 145,9488.

171. [f] [REG] 16 [n] 2 [i] 2000 [PMT] [g] [END] [PV] Visor => – 27.155,4186.

172. a) [f] [REG] 3 [n] 2,8 [i] 14000 [CHS] [PMT] [g] [END] [PV] Visor => 39.753,3243.

b) [f] [REG] 5 [i] 39753,32 [PV] 21379,53 [CHS] [PMT] [g] [END] [n] Visor => 2,0000.

173. [f] [REG] 36 [n] 580 [CHS] [PMT] 45007,02 [FV] [g] [END] [i] Visor => 4,0000.

174. [f] [REG] 10 [n] 25000 [PV] 3250 [CHS] [PMT] [g] [END] [i] Visor => 5,0787.

175. [f] [REG] 5 [n] 1400 [PV] 340 [CHS] [PMT] [g] [END] [i] Visor => 6,8416.

176. [f] [REG] 5 [n] 2 [i] 1400 [PV] [g] [END] [PMT] Visor => – 297,0218.

177. [f] [REG] 8 [n] 3 [i] 140000 [PV] [g] [END] [PMT] Visor => – 19.943,8944.

178. [f] [REG] 18 [n] 1000 [CHS] [PMT] 21412,31 [FV] [g] [END] [i] Visor => 2,0000.

179. [f] [REG] 36 [n] 900 [PV] 50 [CHS] [PMT] [g] [BEG] [i] Visor => 4,706.

180. [f] [REG] 5 [n] 3050 [PV] 700 [CHS] [PMT] [g] [END] [i] Visor => 4,77.

181. [f] [REG] 28 [n] 2 [i] [g] [BEG] 208000 [FV] [PMT] Visor => – 5.503,7762. Deverá depositar $ 5.503,78 por mês.

182. [f] [REG] 15 [n] 18 [i] 180000 [PMT] [g] [END] [PV] Visor => – 916.483,9606.

183. [f] [REG] 360 [n] 1,2 [i] 600 [CHS] [PMT] [g] [END] [FV] Visor => 3.613.991,9067. Ele terá conseguido acumular algo em torno de $ 3.613.991,91.

184. a) [f] [REG] 0,8 [i] 3613991,91 [PV] 30000 [CHS] [PMT] [g] [END] [n] Visor => 417. A HP aproxima o cálculo de *n* para o inteiro superior. Seu valor com quatro casas é igual a 416,2558.

b) [f] [REG] 0,8 [i] 3613991,91 [PV] 40000 [CHS] [PMT] [g] [END] [n] Visor => 162,0000. A HP aproxima o cálculo de *n* para o inteiro superior. Seu valor com quatro casas é igual a 161,0169.

185. [f] [REG] 16 [n] 1,8 [i] 19000 [CHS] [PV] [g] [END] [PMT] Visor => 1.377,2797.

186. [f] [REG] 8 [n] 2 [i] 700 [CHS] [PMT] [g] [END] [FV] Visor => 6.008,0783.

187. [f] [REG] 7 [n] 12 [i] 70000 [PV] [g] [BEG] [PMT] Visor => – 13.694,8585.

188. Para resolver as questões, é preciso encontrar a taxa equivalente mensal: [f] [REG] 12 [n] 100 [PV] 112 [CHS] [FV] [g] [END] [i] Visor => 0,9489.

a) Na HP12C: [f] [REG] 72 [n] 0,9489 [i] 70000 [PV] [g] [BEG] [PMT] Visor => – 1.333,6398.

b) [f] [REG] 60 [n] 0,9489 [i] 63000 [PV] [g] [END] [PMT] Visor => – 1.381,9567.

189. Para calcular o valor da parcela, é preciso obter o valor futuro no mês quatro, que corresponderá ao valor presente da série postecipada do financiamento. Na HP12C: [f] [REG] 4 [n] 1,4 [i] 20000 [PV] [FV] Visor => – 21.143,7403. Substituindo o VF por VP: [f] [REG] 10 [n] 1,4 [i] 21143,74 [PV] [g] [END] [PMT] Visor => – 2.280,5749. Cristina deverá pagar parcelas aproximadamente iguais a $ 2.280,57.

190. Na HP12C, a obtenção da taxa mensal pode ser feita mediante o uso das teclas: [f] [REG] 7 [n] 2800 [PV] 500 [CHS] [PMT] [g] [BEG] [i] Visor => 8,1638. Para achar a taxa anual, é preciso encontrar a equivalente: [f] [REG] 12 [n] 8,1638 [i] 100 [CHS] [PV] [FV] Visor => 256,4385. Logo, a taxa equivalente anual é igual a 156,4385% a.a.

191. Na operação honesta: [f] [REG] 6 [n] 4 [i] 100 [CHS] [PV] [g] [END] [FV] Visor => 126,5319. Já que existirá a "enrolação": [f] [REG] 4,1 [i] 100 [CHS] [PV] 126,5319 [FV] [g] [END] [n] Visor => 6,0000. A HP aproxima o cálculo de *n* para o inteiro superior, o que inviabiliza a obtenção da resposta. Duas soluções alternativas tornam-se viáveis: aplicar a fórmula algébrica com logaritmos, ou empregar a taxa diária equivalente, onde *n* corresponderá ao número de dias. O valor de *n* com quatro casas é igual a 5,8565. Logo, a enrolação será igual a 0,1435 mês (diferença para os seis meses originais) ou 4,31 dias, que, aproximados para o inteiro superior, resultam em 5 dias de "enrolação".

192. Carregando os $ 700.000 para o final do primeiro ano e deduzindo os $ 250.000 pagos na data: [f] [REG] 1 [n] 22 [i] 700000 [PV] [FV] Visor => – 854.000,0000. Subtraído de $ 250.000, obtém-se o valor remanescente da dívida, que será pago mediante uma série postecipada com sete pagamentos: [f] [REG] 7 [n] 22 [i] 604000 [PV] [g] [END] [PMT] Visor => – 176.840,5399.

193. Obtendo a taxa quinzenal: [f] [REG] 18 [n] 800 [CHS] [PMT] 23000 [FV] [g] [END] [i] Visor => 5,2323. Calculando a efetiva mensal: [f] [REG] 2 [n] 5,23 [i] 100 [CHS] [PV] [FV] Visor => 110,7335. A taxa mensal é igual a 10,7335% a.m.

194. Considerando uma prestação igual a $ 100,00 em ambos os planos, basta aplicar uma "regra de três" para encontrar as respostas. No plano mensal: [f] [REG] 24 [n] 3,8 [i] 100 [CHS] [PMT] [g] [END] [PV] Visor => 1.556,4021. A taxa semestral equivalente é: [f] [REG] 6 [n] 3,8 [i] 100 [PV] [g] [END] [FV] Visor => –125,0789, taxa igual a 25,08% a.s. O VP no plano semestral é igual a: [f] [REG] 4 [n] 25,08 [i] 100 [CHS] [PMT] [g] [END] [PV] Visor => 235,8241. Aplicando uma regra de três simples, acha-se que o percentual das operações semestrais e o das mensais são respectivamente iguais a 13,16% e 86,84%, ou $ 19.740,00 e $ 130.260,00.

195. O valor presente do apartamento é igual a: [f] [REG] 36 [n] 1 [i] 3000 [CHS] [PMT] [g] [END] [PV] Visor => 90.322,5151. Calculando o novo número de prestações: [f] [REG] 1 [i] 90322,52 [PV] 1500 [CHS] [PMT] [g] [END] [n] Visor => 93,0000. A HP aproxima o cálculo de n para o inteiro superior. Seu valor com quatro casas é igual a 92,6281. Logo, ele terá que pagar cerca de 57 prestações a mais.

196. É preciso calcular inicialmente a taxa efetiva mensal: [f] [REG] 12 [n] 100 [CHS] [PV] 130 [FV] [g] [END] [i] Visor => 2,2104. Com a taxa mensal obtida, basta calcular o valor das prestações: [f] [REG] 24 [n] 2,2104 [i] 30000 [FV] [g] [END] [PMT] Visor => – 961,0631.

197. Em um primeiro momento, é preciso calcular o valor da prestação na situação original: [f] [REG] 24 [n] 1,8 [i] 200000 [PV] [g] [END] [PMT] Visor => – 10.336,167. Considerando o valor futuro após o pagamento da oitava parcela: [f] [REG] 8 [n] 1,8 [i] 10336,17 [CHS] [PMT] 200000 [PV] [g] [END] [FV] Visor => – 142.590,5993. Refinanciando essa dívida em mais 24 parcelas com a mesma taxa de juros: [f] [REG] 24 [n] 1,8 [i] 142590,6 [PV] [g] [END] [PMT] Visor => – 7.369,2013. O valor da nova parcela seria igual a $ 7.369,20.

198. Obtendo a primeira taxa: [f] [REG] 6 [n] 20000 [PV] 23343,71 [ENTER] 6 [/] [CHS] [PMT] [g] [END] [i] Visor => 4,6000. A nova taxa: [f] [REG] 6 [n] 20000 [PV] 22978,19 [ENTER] 6 [/] [CHS] [PMT] [g] [END] [i] Visor => 4,1200. Logo, a diferença de taxas foi igual a 0,48%.

199. Considerando os períodos quadrimestrais, é preciso encontrar a taxa equivalente: [f] [REG] 4 [n] 2,3 [i] 100 [CHS] [PV] [g] [END] [FV] Visor => 109,5223. Aplicando a taxa quadrimestral de 9,5223% a.q.: [f] [REG] 2 [n] 9,5223 [i] 220000 [CHS] [PV] [g] [END] [PMT] Visor => 125.949,8165.

200. a) Em um primeiro momento, é preciso obter a taxa efetiva mensal: [f] [REG] 12 [n] 100 [CHS] [PV] 118 [FV] [g] [END] [i] Visor => 1,3888. Empregando esta taxa: [f] [REG] 240 [n] 1,38884303484116 [i] 180000 [PV] [g] [END] [PMT] Visor => – 2.594,6363. A prestação é igual a $ 2.594,64.

b) A taxa efetiva mensal é igual a 1,50% a.m. Empregando a HP12C: [f] [REG] 240 [n] 1,5 [i] 180000 [PV] [g] [END] [PMT] Visor => – 2.777,9607. A prestação é igual a $ 2.777,96.

201. a) [f] [REG] 12 [n] 3 [i] 8000 [CHS] [PMT] [g] [END] [PV] Visor => 79.632,0319, o valor presente financiado nas parcelas trimestrais é igual a 10.367,97. Calculando as parcelas: [f] [REG] 4 [n] 9,2727 [i] 10367,97 [PV] [g] [END] [PMT] Visor => – 3.219,4434.

b) [f] [REG] 2 [n] 19,4052 [i] 15000 [CHS] [PMT] [g] [END] [PV] Visor => 23.082,9621. O valor financiado remanescente é igual a $ 66.917,04. O valor da parcela mensal será: [f] [REG] 12 [n] 3 [i] 66917,0379 [PV] [g] [END] [PMT] Visor => – 6.722,6252.

202. Considerando o valor futuro de uma série antecipada com 12 parcelas: [f] [REG] 12 [n] 21 [i] 1500 [CHS] [PMT] [g] [BEG] [FV] Visor => 76.486,9753. Acrescentando a última parcela de $ 1.500,00, obtém-se o saldo acumulado: $ 77.986,98.

203. Considerando *VP* = $ 100,00:

a) [f] [REG] 9 [n] 2 [i] 100 [CHS] [PV] [FV] Visor => 119,5093. Trazendo a valor presente o valor futuro considerando a taxa de 2,40% a.m.: [f] [REG] 9 [n] 2,4 [i] 119,5093 [CHS] [FV] [PV] Visor => 96,5388. Diferença igual a – 3,46%, aproximadamente.

b) [f] [REG] 9 [n] 2 [i] 100 [PV] [g] [END] [PMT] Visor => – 12,2515. Aplicando a taxa desejada: [f] [REG] 9 [n] 2,4 [i] 12,2515 [CHS] [PMT] [g] [END] [PV] Visor => 98,1177. A diferença seria igual a 1,88%, aproximadamente.

204. Calculando o VP da dívida: [f] [REG] 15 [n] 2,8 [i] 3000 [CHS] [PMT] [g] [END] [PV] Visor => 36.337,4371. Carregando o VP para o décimo trimestre: [f] [REG] 10 [n] 2,8 [i] 36337,44 [PV] [FV] Visor => – 47.894,4813.

205. Calculando o VP no final de janeiro do valor em dezembro: [f] [REG] 11 [n] 2,4 [i] 80000 [FV] [PV] Visor => – 61.629,76. Calculando a taxa equivalente bimestral: [f] [REG] 2 [n] 2,4 [i] 100 [CHS] [PV] [g] [END] [FV] Visor => 104,8576, o que resulta em uma taxa igual a 4,8576% a.b. As parcelas seriam: [f] [REG] 3 [n] 4,8576 [i] 61629,76. [PV] [g] [BEG] [PMT] Visor => – 21.525,0164.

206. Calculando o VP da primeira série: [f] [REG] 6 [n] 2 [i] 6000 [CHS] [PMT] [g] [END] [PV] Visor => 33.608,5853. Calculando o VP no mês 6 para a segunda série: [f] [REG] 6 [n] 2 [i] 8000 [CHS] [PMT] [g] [END] [PV] Visor => 44.811,4471. Trazendo esse valor para o mês zero: [f] [REG] 6 [n] 2 [i] 44811,45 [CHS] [FV] [PV] Visor => 39.791,2852. Somando os valores presentes obtidos: $ 73.399,87.

207. a) [f] [REG] 1,8 [i] 1200 [PV] 190 [CHS] [PMT] [g] [END] [n] Visor => 7,0000. A HP aproxima o cálculo de n para o inteiro superior. Seu valor com quatro casas é igual a 6,7647.

b) [f] [REG] 2,2 [i] 1200 [PV] 190 [CHS] [PMT] [g] [END] [n] Visor => 7,0000. A HP aproxima o cálculo de *n* para o inteiro superior. Seu valor com quatro casas é igual a 6,8745.

c) [f] [REG] 2,5 [i] 1200 [PV] 190 [CHS] [PMT] [g] [END] [n] Visor =>7,0000. A HP aproxima o cálculo de *n* para o inteiro superior. Seu valor com quatro casas é igual a 6,9596.

208. a) [f] [REG] 1,8 [i] 1200 [PV] 190 [CHS] [PMT] [g] [BEG] [n] Visor => 7,0000. A HP aproxima o cálculo de *n* para o inteiro superior. Seu valor com quatro casas é igual a 6,6377.

b) [f] [REG] 2,2 [i] 1200 [PV] 190 [CHS] [PMT] [g] [BEG] [n] Visor => 7,0000. A HP aproxima o cálculo de *n* para o inteiro superior. Seu valor com quatro casas é igual a 6,7152.

c) [f] [REG] 2,5 [i] 1200 [PV] 190 [CHS] [PMT] [g] [BEG] [n] Visor => 7,0000. A HP aproxima o cálculo de *n* para o inteiro superior. Seu valor com quatro casas é igual a 6,7748.

209. a) [f] [REG] 36 [n] 3,2 [i] 40000 [PV] [g] [END] [PMT] Visor => – 1.887,2352.

b) Calculando o valor presente: [f] [REG] 36 [n] 3,2 [i] 800 [CHS] [PMT] [g] [END] [PV] Visor => 16.956,0214. A diferença a financiar é igual a: 23.043,98. A taxa equivalente é igual a: [f] [REG] 6 [n] 3,2 [i] 100 [CHS] PV] [g] [END] [FV] Visor => 120,8031. Financiando: [f] [REG] 6 [n] 20,8031 [i] 23043,98 [PV] [g] [END] [PMT] Visor => – 7.068,0872.

c) Calculando o valor presente: [f] [REG] 6 [n] 20,8031 [i] 2500 [CHS] [PMT] [g] [END] [PV] Visor => 8.150,713. A diferença é igual a: 31.849,29. Refinanciando: [f] [REG] 36 [n] 3,2 [i] 31849,2870 [PV] [g] [END] [PMT] Visor => – 1.502,6774.

d) Calculando o valor presente: [f] [REG] 36 [n] 3,2 [i] 900 [CHS] [PMT] [g] [END] [PV] Visor => 19.075,5241. A diferença a financiar é igual a $ 20.924,48. A taxa equivalente para 9 meses é igual a: [f] [REG] 9 [n] 3,2 [i] 100 [CHS] [PV] [g] [END] [FV] Visor => 132,7753. Taxa igual a 32,7753% a.p. Calculando os valores: [f] [REG] 2 [n] 32,7753 [i] 20.924,58 [PV] [g] [END] [PMT] Visor => – 15.847,2693.

210. *Plano 1:* [f] [REG] 12 [n] 1,5 [i] 200000 [PV] [g] [END] [PMT] Visor => – 18.335,9986.

Plano 2: a taxa equivalente trimestral pode ser obtida através das teclas: [f] [REG] 3 [n] 1,5 [i] 100 [CHS] [PV] [FV] Visor => 104,5678. Logo, taxa efetiva equivalente igual a 4,5678% a.t. Com a taxa efetiva trimestral, devem-se trazer a valor presente as parcelas intermediárias: [f] [REG] 2 [n] 4,5678 [i] 20000 [CHS] [PMT] [g] [END] [PV] Visor => 37.417,2037. Assim, o saldo remanescente financiado nas prestações mensais é igual a $ 200.000,00 – $ 37.417,20 = $ 162.582,80. Calculando a prestação mensal: [f] [REG] 12 [n] 1,5 [i] 162582,80 [PV] [g] [END] [PMT] Visor => – 14.905,5896.

Plano 3: aplicando o conceito de séries uniformes, é possível encontrar um valor da parcela igual a $ 17.997,60.

211. Aplicando os conceitos de séries uniformes, obtêm-se uma prestação mensal igual a $ 4.950,41 e uma prestação semestral igual a $ 14.851,22.

212. Calculando o VF devido ao final da primeira série: [f] [REG] 6 [n] 3 [i] 9000 [CHS] [PMT] 80000 [PV] [g] [END] [FV] Visor => – 37.308,4948. Empregando o VF como VP de uma nova série: [f] [REG] 6 [n] 3 [i] 37308,49 [PV] [g] [END] [PMT] Visor => – 6.887,054.

213. Basta verificar a diferença percentual dos valores presentes, obtidos mediante a aplicação das duas taxas:

a) [f] [REG] 6 [n] 2,8 [i] 100 [FV] [g] [END] [PV] Visor => – 84,7308; [f] [REG] 6 [n] 2 [i] 100 [FV] [g] [END] [PV] Visor => – 88,7971. A diferença percentual é igual a – 4,5794%.

b) [f] [REG] 6 [n] 2,8 [i] 100 [PMT] [g] [END] [PV] Visor => – 545,3285, [f] [REG] 6 [n] 2 [i] 100 [PMT] [g] [END] [PV] Visor => – 560,1431. A diferença percentual é igual a – 2,6448%.

214. a) [f] [REG] 12 [n] 3,1 [i] 330000 [PV] [g] [END] [PMT] Visor => – 33.350,6986.

b) Achando a taxa efetiva trimestral: [f] [REG] 3 [n] 3,1 [i] 100 [CHS] [PV] [g] [END] [FV] Visor => 109,5913. Taxa efetiva igual a 9,5913% a.t. Calculando o valor presente das duas parcelas e abatendo do valor financiado: [f] [REG] 2 [n] 9,5913 [i] 70000 [CHS] [PMT] [g] [END] [PV] Visor => 122.157,2181. Deduzindo do valor originalmente financiado e recalculando as parcelas: [f] [REG] 12 [n] 3,1 [i] 207842,78 [PV] [g] [END] [PMT] Visor => – 21.005,1573. A prestação mensal será igual a $ 21.005,16.

215. Calculando o valor futuro após as três parcelas: [f] [REG] 3 [n] 2 [i] 6000 [CHS] [PMT] 45000 [PV] [g] [END] [FV] Visor => – 29.391,96. Considerando os três próximos pagamentos: [f] [REG] 3 [n] 2 [i] 7000 [CHS] [PMT] 29391,96 [PV] [g] [END] [FV] Visor => – 9.768,1831. Considerando o valor dos 3 últimos pagamentos: [f] [REG] 3 [n] 2 [i] 9768,18 [PV] [g] [END] [PMT] Visor => – 3.387,1621.

216. Em um primeiro momento, é preciso obter as taxas bimestrais: [f] [REG] 2 [n] 3,5 [i] 100 [CHS] [PV] [g] [END] [FV] Visor => 107,1225. A taxa equivalente é igual a 7,1225% a.b. Obtendo o valor das prestações: [f] [REG] 12 [n] 7,1225 [i] 50000 [PV] [g] [END] [PMT] Visor => – 6.336,2605.

217. a) Calculando o valor futuro das 60 bolsas recebidas: [f] [REG] 60 [n] 0,85 [i] 800 [PMT] [g] [END] [FV] Visor => – 62.278,1991. Refinanciando este débito: [f] [REG] 36 [n] 0,85 [i] 62278,20 [PV] [g] [END] [PMT] Visor => – 2.015,3953. O valor do ressarcimento mensal será aproximadamente igual a $ 2.015,40.

b) [f] [REG] 60 [n] 0,65 [i] 62278,20 [PV] [g] [END] [PMT] Visor => – 1.256,8247.

218. Calculando o valor das parcelas devidas: [f] [REG] 6 [n] 3,5 [i] 10000 [CHS] [PV] [g] [END] [PMT] Visor => 1.876,6821. Considerando os descontos sobre o valor recebido na operação: VP = 10.000,00 – 100,00 – 3% × 10.000,00 = 9.600,00. Na HP12C: [f] [REG] 6 [n] 9600 [CHS] [PV] 1876,68 [PMT] [g] [END] [i] Visor => 4,7568. A verdadeira taxa cobrada é igual a 4,76% a.m.

219. a) O lucro deve ser igual a, no mínimo: [f] [REG] 30 [n] 2 [i] 25000 [CHS] [PV] 8000 [FV] [g] [END] [PMT] Visor => 919,0487.

b) Basta acrescentar os custos: $ 2.519,05.

220. Como não foi mencionado o pagamento de juros nos três primeiros anos, a taxa foi *inferior* a 6% a.a. Para a taxa ser igual a 6% a.a., o principal deveria ser igual a [f] [REG] 3 [n] 6 [i] 200000 [CHS] [FV] [g] [END] [PV] Visor => 167.923,8566.

221. Calculando o VP da série de retiradas que se inicia no 18º ano: [f] [REG] 5 [n] 16 [i] 8000 [PMT] [g] [BEG] [PV] Visor => – 30.385,4451. Considerando o VP de uma série, como VF da outra: [f] [REG] 18 [n] 16 [i] 30.385,45 [FV] [g] [END] [PMT] Visor => – 361,1265. O depósito anual deverá ser aproximadamente igual a $ 361,13.

222. a) [f] [REG] 35 [n] 25000 [PV] 1000 [CHS] [PMT] [g] [END] [i] Visor => 1,9996.

b) Taxa nominal = 0,019996 × 12 = 0,239952 = 23,9952% a.a., capitalizados mensalmente.

c) Taxa efetiva: [f] [REG] 12 [n] 1,9996 [i] 100 [CHS] [PV] [g] [END] [FV] Visor => 126,8189. Logo, taxa efetiva igual a 26,8189% a.a.

223. Calculando o valor presente da série entre os anos 18 e 23: [f] [REG] 6 [n] 19 [i] 2000 [PMT] [g] [END] [PV] Visor => – 6.819,5544. Trazendo do ano 17 para o ano 5: [f] [REG] 12 [n] 19 [i] 6819,55 [FV] [PV] Visor => – 845,653.

224. Bastaria calcular o valor presente da operação: [f] [REG] 10 [n] 14 [i] 19500 [PMT] 30000 [FV] [g] [END] [PV] Visor => – 109.806,5694.

225. a) [f] [REG] 8 [n] 12 [i] 4000 [PMT] [g] [END] [PV] Visor => – 19.870,5591.

b) [f] [REG] 8 [n] 14 [i] 4000 [PMT] [g] [END] [PV] Visor => – 18.555,4556.

c) [f] [REG] 8 [n] 16 [i] 4000 [PMT] [g] [END] [PV] Visor => – 17.374,3636.

226. [f] [REG] 15 [n] 14 [i] 15000 [CHS] [PMT] [g] [END] [PV] Visor => 92.132,5198. A diferença é igual a: 260.000,00 – 92.132,52 = 167.867,48. O pagamento anual pelo volume de unidades produzidas deve ser igual a: [f] [REG] 15 [n] 14 [i] 167867,48 [PV] [g] [END] [PMT] Visor => – 27.330,3304. O volume em unidades deve ser superior a $ 27.330,33 / $ 0,60 = 45.551 unidades por ano.

227. a) [f] [REG] 4 [n] 5000 [CHS] [PV] 1500 [PMT] [g] [END] [i] Visor => 7,7138.

b) [f] [REG] 4 [n] 5000 [CHS] [PV] 1500 [PMT] 200 [FV] [g] [END] [i] Visor => 9,0113.

228. Para aplicar a fórmula dos juros compostos, é preciso encontrar a taxa equivalente mensal. Na HP12C: [f] [REG] 12 [n] 100 [CHS] [PV] 112 [FV] [g] [END] [i] Visor => 0,9489. Calculando o VF com a taxa equivalente: [f] [REG] 48 [n] 0,9489 [i] 1700 [CHS] [PMT] [g] [END] [FV] Visor => 102.751,5280.

229. I) 10% × 80.000,00 = $ 8.000,00.

II) [f] [REG] 48 [n] 2 [i] 48000 [PV] [g] [END] [PMT] Visor => – 1.564,8881.

III) Obtendo a taxa efetiva: [f] [REG] 6 [n] 2 [i] 100 [CHS] [PV] [g] [FV] Visor => 112,6162. Taxa igual a 12,6162% a.s. Calculando o valor da parcela: [f] [REG] 8 [n] 12,6162 [i] 24000 [PV] [g] [END] [PMT] Visor => – 4.935,7446.

230. a) [f] [REG] 14 [n] 19 [i] 180000 [FV] [g] [BEG] [PMT] Visor => – 2.758,1692.

b) Calculando a taxa efetiva mensal: [f] [REG] 12 [n] 100 [CHS] [PV] 122 [FV] [i] Visor => 1,6709. Empregando a nova taxa: [f] [REG] 168 [n] 1,6709 [i] 180000 [FV] [g] [BEG] [PMT] Visor => – 194,8448.

c) [f] [REG] 168 [n] 1,6709 [i] 150 [CHS] [PMT] 180000 [FV] [g] [BEG] [PV] Visor => – 2.560,0906.

231. Supondo um bem no valor de $ 100,00, as prestações seriam iguais a $ 114,00/12 = $ 9,50 por mês. Empregando a HP12C: [f] [REG] 12 [n] 100 [PV] 9,5 [CHS] [PMT] [g] [END] [i] Visor => 2,0757 (% a.m.). Calculando a efetiva: [f] [REG] 12 [n] 2,0757 [i] 100 [PV] [FV] Visor => – 127,9583. Logo, a taxa cobrada pela loja é igual a 27,9583% a.a.

232. Considerando um valor do bem igual a $ 100,00: [f] [REG] 4 [n] 86 [PV] 25 [CHS] [PMT] [g] [END] [i] Visor => 6,3183. A taxa cobrada é igual a 6,3183% a.m.

233. [f] [REG] 5 [n] 3 [i] 20 [CHS] [PMT] [g] [BEG] [PV] Visor => 94,342. Logo, o desconto seria igual a 5,66% nas compras a vista.

234. Considerando a taxa de rentabilidade igual a 2% a.m., o valor mínimo da parcela deveria ser: [f] [REG] 6 [n] 2,5 [i] 16000 [CHS] [PV] [g] [END] [PMT] Visor => 2.904,7995. Como o valor ofertado pelo banco foi inferior, essa proposta não deveria ser aceita.

235. Calculando o valor presente da série antecipada de 16 parcelas no ano 5: [f] [REG] 16 [n] 24 [i] 4200 [CHS] [PMT] [g] [BEG] [PV] Visor => 21.005,4352. Trazendo esse valor do ano 5 para o ano 0: [f] [REG] 5 [n] 22 [i] 21005,44 [CHS] [FV] [PV] Visor => 7.771,9971.

236. a) [f] [REG] 4 [n] 18 [i] 150000 [FV] [g] [BEG] [PMT] Visor => – 24.373,5599.

b) Deduzindo o valor futuro dos $ 28.000,00 do valor da Ferrari: [f] [REG] 4 [n] 18 [i] 28000 [CHS] [PV] [g] [END] [FV] Visor => 54.285,7773. Ajustando o valor futuro necessário: [f] [REG] 4 [n] 18 [i] 95714,22 [FV] [g] [BEG] [PMT] Visor => – 15.552,6418.

237. a) [f] [REG] 24 [n] 1,6 [i] 165000 [PV] [g] [END] [PMT] Visor => – 8.333,4637.

b) [f] [REG] 24 [n] 1,6 [i] 7000 [CHS] [PMT] [g] [END] [PV] Visor => 138.597,8309. O restante financiado é igual a: $ 26.402,17. Calculando a taxa semestral equivalente: [f] [REG] 6 [n] 1,6 [i] 100 [CHS] [PV] [g] [END] [FV] Visor => 109,9923. Para achar a prestação semestral: [f] [REG] 4 [n] 9,9923 [i] 26402,17 [PV] [g] [END] [PMT] Visor => – 8.327,7255.

c) Obtendo o VP da série: [f] [REG] 4 [n] 9,9923 [i] 20000 [CHS] [PMT] [g] [END] [PV] Visor => 63.407,8775. A diferença é igual a: $ 101.592,12. Refinanciando este valor: [f] [REG] 24 [n] 1,6 [i] 101592,1225 [PV] [g] [END] [PMT] Visor => – 5.130,9956.

d) Obtendo o valor presente da série: [f] [REG] 24 [n] 1,6 [i] 5000 [CHS] [PMT] [g] [END] [PV] Visor => 98.998,4507. A diferença é igual a: $ 66.001,55. Obtendo a taxa efetiva para o período de oito meses: [f] [REG] 8 [n] 1,6 [i] 100 [CHS] [PV] [g] [END] [FV] Visor => 113,5402 (taxa igual a 13,5402% a.p.). Refinanciando a diferença: [f] [REG] 2 [n] 13,5402 [i] 66001,5493 [PV] [g] [END] [PMT] Visor => – 39.844,9967.

238.

Período N	Saldo Inicial	Pagamento			Saldo Final
		Juros	Amortização	Total	
1	60.000,00	(6.000,00)	(7.776,44)	(13.776,44)	52.223,56
2	52.223,56	(5.222,36)	(8.554,09)	(13.776,44)	43.669,47
3	43.669,47	(4.366,95)	(9.409,50)	(13.776,44)	34.259,97
4	34.259,97	(3.426,00)	(10.350,45)	(13.776,44)	23.909,53
5	23.909,53	(2.390,95)	(11.385,49)	(13.776,44)	12.524,04
6	12.524,04	(1.252,40)	(12.524,04)	(13.776,44)	0,00

239.

Período N	Saldo Inicial	Pagamento			Saldo Final
		Juros	Amortização	Total	
1	40.000,00	(2.000,00)	(7.238,99)	(9.238,99)	32.761,01
2	32.761,01	(1.638,05)	(7.600,94)	(9.238,99)	25.160,07
3	25.160,07	(1.258,00)	(7.980,99)	(9.238,99)	17.179,08
4	17.179,08	(858,95)	(8.380,04)	(9.238,99)	8.799,04
5	8.799,04	(439,95)	(8.799,04)	(9.238,99)	0,00

240.

Período N	Saldo Inicial	Pagamento			Saldo Final
		Juros	Amortização	Total	
1	60.000,00	(6.000,00)	(10.000,00)	(16.000,00)	50.000,00
2	50.000,00	(5.000,00)	(10.000,00)	(15.000,00)	40.000,00
3	40.000,00	(4.000,00)	(10.000,00)	(14.000,00)	30.000,00
4	30.000,00	(3.000,00)	(10.000,00)	(13.000,00)	20.000,00
5	20.000,00	(2.000,00)	(10.000,00)	(12.000,00)	10.000,00
6	10.000,00	(1.000,00)	(10.000,00)	(11.000,00)	–

241.

Período N	Saldo Inicial	Pagamento			Saldo Final
		Juros	Amortização	Total	
1	40.000,00	(2.000,00)	(8.000,00)	(10.000,00)	32.000,00
2	32.000,00	(1.600,00)	(8.000,00)	(9.600,00)	24.000,00
3	24.000,00	(1.200,00)	(8.000,00)	(9.200,00)	16.000,00
4	16.000,00	(800,00)	(8.000,00)	(8.800,00)	8.000,00
5	8.000,00	(400,00)	(8.000,00)	(8.400,00)	–

242. Empregando a função [f] [AMORT] da HP12C: [f] [REG] 30 [n] 26 [i] 100000 [PV] [g] [END] [PMT] Visor => – 26.025,3677. Na seqüência, para obter o valor dos juros pagos: 6 [f] [AMORT] Visor => – 155.859,3554. Para obter o valor das amortizações totais pagas até a sexta parcela [x<–>y]: Visor => – 292,8506. Para saber o principal devido: [RCL] [PV] Visor => $ 99.707,15. Outra solução pode ser feita através da função [FV], considerando o pagamento apenas das seis primeiras prestações: [f] [REG] 6 [n] 26 [i] 26025,37 [CHS] [PMT] 100000 [PV] [g] [END] [FV] Visor => – 99.707,1225.

243. Existem diversas alternativas para a solução das questões formuladas. Usando as funções de séries uniformes: (a) É preciso encontrar o saldo devedor no final dos períodos 8 e 9. A diferença é igual à amortização paga na nona parcela. Na HP12C, é preciso obter o valor da prestação: [f] [REG] 15 [n] 4 [i] 90000 [PV] [g] [END] [PMT] Visor => – 8094,699. Considerando o pagamento de 8 parcelas, é possível obter o saldo devedor (ou VF) após o pagamento da oitava parcela: [f] [REG] 8 [n] 4 [i] 8094,7 [CHS] [PMT] 90000 [PV] [g] [END] [FV] Visor => – 48.584,8172. Calculando o saldo devedor após o pagamento da nona parcela: [f] [REG] 9 [n] 4 [i] 8094,7 [CHS] [PMT] 90000 [PV] [g] [END] [FV] Visor => – 42.433,5099. A diferença corresponde à amortização paga na nona parcela: $ 6.151,31; (b)

[f] [REG] 4 [n] 4 [i] 8094,7 [CHS] [PMT] 90000 [PV] [g] [END] [FV] Visor => – 70.913,4183. Logo, o saldo devedor é igual a $ 70.913,42.

244. [f] [REG] 80 [n] 1800 [CHS] [PMT] 2 [i] [PV] Visor => 71540,1245.

245. O valor presente no ano 14 será igual a: [f] [REG] 10 [n] 1600 [CHS] [PMT] 22 [i] [g] [END] [PV] Visor => 6.277,0949. Trazendo para sete anos antes: [f] [REG] 7 [n] 22 [i] 6277,09 [FV] [g] [END] [PV] Visor => – 1.560,4142.

246. No mês anterior ao pagamento da sexta parcela, já haviam sido pagas cinco, restando, portanto, 3/8 do débito de $ 20.000,00. O valor dos juros é igual a: 3/8 × $ 20.000,00 × 2% = $ 150,00.

247. [f] [REG] 20 [n] 3 [i] 300000 [PV] [g] [END] [PMT] Visor => – 20.164,7123. Para encontrar a resposta solicitada, podem-se obter as amortizações e juros totais pagos até a 15ª prestação. Juros pagos até a 15ª prestação: 15 [f] [AMORT] Visor => – 94.819,1619. Amortização total: [x<->y]: Visor => – 207.651,52. Valor do principal remanescente devido: [RCL] [PV] Visor => 92.348,4777. Na 16ª prestação, os juros pagos podem ser obtidos através das teclas: 1 [f] [AMORT] Visor => – 2.770,45. Amortização: [x<->y] Visor => – 17.394,26. Saldo devedor remanescente: [RCL] [PV] Visor => 74.954,2197.

248. É preciso calcular a taxa de juros mensal cobrada: [f] [REG] 24 [n] 30000 [PV] 2000 [CHS] [PMT] [g] [END] [i] Visor => 4,1602. Caso existisse a prorrogação por quatro meses, bastaria calcular o valor futuro da prestação anterior: [f] [REG] 4 [n] 4,1601 [i] 2000 [CHS] [PV] [g] [END] [FV] Visor => 2.354,1577. A prestação deveria ser igual a $ 2.354,16, aproximadamente.

249. Se a entrada foi de 20%, o valor financiado foi igual a $ 16.000,00. Calculando o valor de cada prestação: [f] [REG] 6 [n] 2 [i] 16000 [PV] [g] [END] [PMT] Visor => – 2.856,4130. A amortização embutida na primeira corresponde ao valor total subtraído dos juros, ou 2.856,41 – 2% × 16.000,00 = $ 2.536,41.

250. O valor de cada amortização é igual a $ 200.000,00 / 40 = $ 5.000,00. Após o pagamento da 29ª prestação, ainda existem 11 remanescentes, que resultam em um saldo devedor igual a $ 5.000,00 × 11 = $ 55.000,00. Logo, os juros incidentes são iguais a 2% × $ 55.000,00 = $ 1.100,00. A prestação será igual à soma da amortização mais juros, ou $ 5.000,00 + $ 1.100,00 = $ 6.100,00.

251. Uma das alternativas para a solução envolve obter o valor financiado no terceiro mês, e, a partir dessa data, considerar uma série postecipada. O valor financiado no mês 3 corresponde a: [f] [REG] 3 [n] 2 [i] 50000 [PV] [FV] Visor => – 53.060,4000. O valor da prestação é igual a: [f] [REG] 6 [n] 2 [i] 53060,4 [PV] [g] [END] [PMT] Visor => – 9.472,6510.

252. Aplicando as fórmulas: a) $ 527,05; b) $ 510,00.

253. a) [f] [REG] 8 [n] 10 [i] 10000 [PMT] 110000 [FV] [g] [END] [PV] Visor => – 104.665,0738.

b) [f] [REG] 8 [n] 12 [i] 10000 [PMT] 110000 [FV] [g] [END] [PV] Visor => – 94.103,5527.

254. a) 9% × 80.000,00 = $ 7.200,00.

b) [f] [REG] 20 [n] 8 [i] 7200 [PMT] 80000 [FV] [g] [END] [PV] Visor => – 87.854,5179.

255. Para obter os valores, basta preencher as tabelas de composição de juros e amortização: (a) $ 12.543,39; (b) $ 2.666,67.

256. O valor financiado é igual a: [f] [REG] 12 [n] 2 [i] 3500 [CHS] [PMT] [g] [END] [PV] Visor => 37.013,6943. Como apenas 80% do valor do bem foi financiado, o valor total a vista é igual a $ 46.267,12.

257. 180.000,00 / 15 = $ 12.000,00.

258. O valor financiado é igual a $ 28.370,89. Após o pagamento da 13ª prestação, o saldo devedor remanescente é igual a $ 14.680,27.

259. a) Cálculo do VPL: [f] [REG] 12000 [CHS] [g] [CF0] 4000 [g] [CFj] 8000 [g] [CFj] 5000 [g] [CFj] 14 [i] [f] [NPV] Visor => 1.039,3697.

b) Cálculo da TIR: [f] [REG] 12000 [CHS] [g] [CF0] 4000 [g] [CFj] 8000 [g] [CFj] 5000 [g] [CFj] [f] [IRR] Visor =>18,8878.

260. VPL: [f] [REG] 50000 [CHS] [g] [CF0] 20000 [g] [CFj] 5000 [g] [CFj] 10000 [g] [CFj] 20000 [g] [CFj] 2 [i] [f] [NPV] Visor => 2.313,8189. TIR: [f] [REG] 50000 [CHS] [g] [CF0] 20000 [g] [CFj] 5000 [g] [CFj] 10000 [g] [CFj] 20000 [g] [CFj] [f] [IRR] Visor => 3,8653 (% a.m.). A TIR anual é igual a 57,63%.

261. Calculando o VPL na HP12C: [f] [REG] 340 [CHS] [g] [CF0] 150 [g] [CFj] 70 [g] [CFj] 60 [g] [CFj] 100 [g] [CFj] 13 [i] [f] [NPV] Visor => – 49,5215. TIR na HP12C: [f] [REG] 340 [CHS] [g] [CF0] 150 [g] [CFj] 70 [g] [CFj] 60 [g] [CFj] 100 [g] [CFj] [f] [IRR] Visor => 5,0627% a.a. O investimento não seria viável. O VPL foi negativo e a TIR foi inferior ao custo de capital.

262. Com o auxílio da HP12C: [f] [REG] 0 [g] [CF0] 70 [CHS] [g] [CFj] 80 [CHS] [g] [CFj] 40 [CHS] [g] [CFj] 120 [CHS] [g] [CFj] 22 [i] [f] [NPV] Visor => – 187,3222.

263. VPL na HP12C: [f] [REG] 400 [CHS] [g] [CF0] 180 [g] [CFj] 180 [g] [CFj] 180 [g] [CFj] 8 [i] [f] [NPV] Visor => 63,8775. TIR na HP12C: [f] [REG] 400 [CHS] [g] [CF0] 180 [g] [CFj] 180 [g] [CFj] 180 [g] [CFj] [f] [IRR] Visor =>16,6487 % a.m. Aplicando o conceito de equivalência de taxas de juros, a TIR anual é igual a 534,69% a.a.

264. Os VPLs são respectivamente iguais a 7,02, 49,72, 40,98 e 52,46.

265. Os valores calculados para a TIR foram iguais a 37,04% e 23,71%. Os valores do VPL foram iguais a $ 216,65 e $ 238,50. Logo, o melhor investimento é o B, que apresenta o maior VPL.

266. Os VPLs foram respectivamente iguais a $ 26.378,53 e $ 23.098,13. Logo, a diferença a valor presente é igual a $ 3.280,40. No terceiro mês, o valor do fluxo equivalente é igual a $ 3.584,59.

267. A prestação deve ser igual a $ 6.077,01.

268. Os valores devem ser iguais a $Fluxo_1$ = $ 3.072,45 e $Fluxo_2$ = $ 6.144,90.

269. Basta encontrar a TIR do fluxo incremental, resultado da subtração dos fluxos: [f] [REG] 0 [g] [CF0] 500 [CHS] [g] [CFj] 300 [g] [CFj] 300 [g] [CFj] [f] [IRR] Visor =>13,0662. Taxa igual a 13,07% a.m.

Bibliografia

"Livros não mudam o mundo, quem muda o mundo são as pessoas. Os livros só mudam as pessoas."
Mário Quintana

Sugestões de leitura

Para leitores ou alunos que desejem efetuar operações mais aplicadas de matemática financeira e/ou docentes que desejem recursos didáticos complementares para o ensino de matemática financeira, uma boa dica é o livro apresentado a seguir. Além de explicações mais detalhadas sobre o uso do Excel e da HP12C, estão apresentados inúmeros modelos prontos, elaborados no Excel e presentes no CD que acompanha a obra. Também estão apresentadas no CD inúmeras transparências voltadas para o ensino de matemática financeira.

- Bruni, A. L.; Famá, R. *Matemática financeira com HP12C e Excel*. São Paulo: Atlas. 2002.

A continuação deste livro, com a aplicação das diversas técnicas da matemática financeira aplicadas ao processo de avaliação de investimentos, incluindo o uso de recursos da HP12C e do Excel, pode ser vista na seguinte obra.

- Bruni, A. L.; Famá, R. *As decisões de investimento*. São Paulo: Atlas, 2003.

Sugestões de endereços na Internet

Leitores usuários da Internet que gostem de acessar outros recursos complementares e interessantes possuem à disposição o seguinte *link*:

<http://www.MinhasAulas.com.br> – *Site* do livro, com inúmeros recursos aplicados em Finanças. Contém diversos textos, transparências e planilhas.

Livros de Adriano Leal Bruni

O autor possui outros livros publicados pela Editora Atlas. Para saber mais sobre os livros, visite www.EditoraAtlas.com.br ou www.infinitaweb.com.br.

SÉRIE DESVENDANDO AS FINANÇAS

Os livros da série abordam da forma mais clara e didática possível os principais conceitos associados às finanças empresariais. Os volumes contêm grande diversidade de exemplos, exercícios e estudos de casos, integralmente resolvidos. Outros recursos importantes dos textos consistem em aplicações na calculadora HP 12C e na planilha eletrônica Excel.

A ADMINISTRAÇÃO DE CUSTOS, PREÇOS E LUCROS

Apresenta os principais conceitos associados ao processo de registro e apuração de custos e formação de preços, enfatizando os aspectos gerenciais, relativos à tomada de decisão sobre custos e preços. Fornece uma ampla visão da contabilidade financeira dos custos, explorando com maior profundidade a contabilidade gerencial dos lucros e ganhos. Discute os efeitos dos impostos sobre custos, preços e lucros. Por fim, estabelece a relação do preço com o marketing e a estratégia do negócio. Para facilitar a aplicação dos conteúdos, apresenta inúmeros exemplos com o auxílio da calculadora HP 12C e da planilha eletrônica Microsoft Excel.

Capítulos: 1. Os custos, a contabilidade e as finanças; 2. Os custos e a contabilidade financeira; 3. Os custos e a contabilidade gerencial; 4. Os custos e seus componentes; 5. Os custos e a margem de contribuição; 6. Tributos, custos e preços; 7. Os custos, os preços e os lucros; 8. Os preços, o marketing e a estratégia; 9. O modelo CUSTOFACIL.xls.

A CONTABILIDADE EMPRESARIAL

Ilustra os conceitos associados à Contabilidade, seus principais demonstrativos e informações relevantes no processo de tomada de decisões. Fornece uma visão geral nos números registrados pela Contabilidade e suas relações com o processo de Administração Financeira. Em capítulos específicos, discute o Balanço Patrimonial e a Demonstração de Resultado do Exercício. Traz uma grande variedade de exemplos e exercícios, com muitas questões objetivas. No último capítulo, ilustra alguns usos e aplicações da Contabilidade na planilha eletrônica Microsoft Excel.

Capítulos: 1. Conceitos; 2. O balanço patrimonial, 3. A demonstração do resultado do exercício; 4. Outros demonstrativos contábeis; 5. Contas, livros e registros; 6. Operações com mercadorias; 7. O modelo CONTAFACIL.XLS.

AS DECISÕES DE INVESTIMENTOS

Apresenta e discute os conceitos básicos associados ao processo de avaliação de investimentos em Finanças. Começa com a definição do problema de tomada de decisões em Finanças, e avança pela construção do fluxo de caixa livre e da estimativa do custo médio ponderado de capital. Mostra as principais técnicas de avaliação disponíveis, incluindo *payback*, valor presente, futuro e uniforme líquido, e as taxas interna e externa de retorno, e a taxa interna de juros. Para facilitar a leitura e o processo de aprendizagem, diversos exercícios apresentam solução completa na HP 12C. Muitos exercícios também apresentam resolução com o apoio da planilha eletrônica Microsoft Excel. O final do livro traz o *software* Investfacil.xls, que simplifica as operações com o auxílio da planilha eletrônica Microsoft Excel.

Capítulos: 1. Conceitos iniciais, HP 12C, Excel e o modelo Investfacil.xls; 2. A estimativa dos fluxos futuros; 3. Custo de capital; 4. O processo de avaliação e análise dos prazos de recuperação do capital investido; 5. A análise de valores; 6. A análise de taxas; 7. A seleção de projetos de investimento; 8. O modelo Investfacil.xls.

A MATEMÁTICA DAS FINANÇAS

Apresenta de forma simples e clara os principais conceitos da Matemática Financeira. Inicia com a definição dos diagramas de fluxo de caixa e avança pelos regimes de capitalização simples e composta. Discute, com muitos exemplos, as séries uniformes e não uniformes e os sistemas de amortização. Para tornar o aprendizado mais fácil, explica o uso da calculadora HP 12C, mostrando quase todos os exercícios solucionados com seu auxílio. Também aborda o uso da planilha eletrônica Microsoft Excel em Matemática Financeira, apresentado o *software* Matemagica.xls – que torna ainda mais simples as operações algébricas em finanças.

Capítulos: 1. Conceitos iniciais e diagramas de fluxo de caixa; 2. A HP 12C e o Excel; 3. Juros simples; 4. Desconto comercial e bancário; 5. Juros compostos; 6. Taxas nominais e unificadas; 7. Anuidades ou séries; 8. Sistemas de amortização; 9. Séries não uniformes; 10. A planilha Matemagica.xls.

SÉRIE FINANÇAS NA PRÁTICA

Oferece uma idéia geral das Finanças, desmistificando as eventuais dificuldades da área. Aborda de forma prática, com muitos exemplos e exercícios, as principais tarefas associadas às Finanças.

GESTÃO DE CUSTOS E FORMAÇÃO DE PREÇOS

Fornece ao leitor elementos de gestão de custos, com o objetivo de, principalmente, demonstrar como administrá-los. Além de identificar os componentes dos custos empresariais, os sistemas de custeio, o efeito dos tributos sobre preços e custos, focaliza os aspectos estratégicos que determinam a existência de custos em condições de minimizá-los e obter deles, quando controlados, os melhores benefícios. Dividido em 20 capítulos, inclui 150 exercícios resolvidos, a planilha CUSTOS.XLS e o conjunto de apresentações CUSTOS.PPT. Acompanha o livro um CD com as transparências e planilhas eletrônicas.

Capítulos: 1. Introdução à gestão de custos; 2. Material direto; 3. Mão-de-obra direta; 4. Custos indiretos de fabricação; 5. Custeio por departamentos; 6. Custeio por processos; 7. Custeio por ordens de produção; 8. Custeio-padrão; 9. Custeio baseado em atividades; 10. Custos da produção conjunta; 11. Custeio variável; 12. Custos para decisão; 13. Efeito dos tributos sobre custos e preços; 14. Formação de preços: aspectos quantitativos; 15. Formação de preços: aspectos qualitativos; 16. Custos e estratégia; 17. Métodos quantitativos aplicados a custos; 18. Aplicações da calculadora HP 12C; 19. Aplicações do Excel: usos genéricos; 20. Aplicações do Excel: usos em custos e preços.

MATEMÁTICA FINANCEIRA COM HP 12C E EXCEL

Traz os principais conceitos de Matemática Financeira. Aborda tópicos referentes às operações com juros simples, compostos, descontos, equivalência de capitais e taxas, séries uniformes e não uniformes e sistemas de pagamento. Para facilitar o aprendizado, traz exercícios propostos, todos com respostas e vários com soluções integrais. Apresenta e discute ainda ferramentas aplicadas à Matemática Financeira, como a calculadora HP 12C e a planilha eletrônica Excel. Em relação ao Excel, diversos modelos prontos, com fácil utilização e aplicabilidade prática, estão na planilha MATFIN.XLS, presente no CD que acompanha o livro. Todos os modelos e as instruções para serem utilizados também estão disponíveis no decorrer do texto. Destaca-se tam-

bém o conjunto de apresentações MATFIN.PPT, igualmente apresentado no CD, elaborado no Microsoft PowerPoint, e que ilustra com recursos audiovisuais alguns dos conceitos abordados no livro. Docentes poderão empregá-lo como material adicional das atividades de classe e estudantes poderão aplicá-lo na revisão dos conteúdos da obra.

Capítulos: 1. Matemática financeira e diagrama de fluxo de caixa; 2. Revisão de matemática elementar; 3. A calculadora HP 12C; 4. O Excel e a planilha MATFIN.xls; 5. Juros simples; 6. Juros compostos; 7. Operações com taxas de juros; 8. Séries uniformes; 9. Sistemas de amortização; 10. Séries não uniformes; 11. Capitalização contínua.

OUTROS LIVROS

AVALIAÇÃO DE INVESTIMENTOS COM HP 12C E EXCEL

Apresenta o processo de avaliação de investimentos de forma simples, com muitos exemplos e exercícios, facilitados por meio do uso da calculadora HP 12C e da planilha eletrônica Microsoft Excel. O texto discute inicialmente o papel e as decisões usuais em Finanças, apresentando em seguida a importância da projeção dos fluxos de caixa livres e do cálculo do custo de capital. Posteriormente, aborda o uso das diferentes técnicas, como as técnicas de avaliação contábil e as técnicas financeiras mais usuais, como o *payback*, o VPL e a TIR. Mais adiante, discute aspectos relativos à avaliação de empresa e ao estudo das decisões sob incerteza e risco. Ao final, o texto discute o processo de modelagem financeira no Excel, apresentando tópicos avançados, como o uso do método de Monte Carlo ou o uso de opções reais em avaliação de investimentos. Para tornar o aprendizado mais efetivo, diversos modelos prontos estão apresentados.

Capítulos: 1. Finanças, decisões e objetivos; 2. Entendendo o valor do dinheiro no tempo; 3. Estimativa dos fluxos futuros; 4. Custo de capital da empresa e taxa mínima de atratividade do projeto; 5. Técnicas de avaliação contábil; 6. Processo de avaliação e análise dos prazos de recuperação do capital investido; 7. Análise de valores; 8. Análise de taxas; 9. Seleção de projetos de investimentos; 10. Valor econômico adicionado; 11. O valor da empresa; 12. Incerteza e risco na avaliação de investimentos.

ESTATÍSTICA APLICADA À GESTÃO EMPRESARIAL – SÉRIE MÉTODOS QUANTITATIVOS

Apresenta de forma clara e simples os principais conceitos de Estatística aplicada à gestão empresarial. Ilustra seus conceitos e usos com muitos exemplos fáceis e didáticos. Inicia com a apresentação da Estatística, suas definições e classificações. Avança pela tabulação dos dados e construção de gráficos. Discute as probabilidades e as distribuições binomial, de Poisson e normal com grande variedade de aplicações. Aborda inferências, estimações, intervalos de confiança e testes paramétricos e não paramétricos de hipóteses. Traz as análises de regressão e correlação, com muitas aplicações práticas. Por fim, discute os números índices e as séries temporais. Ao todo, propõe e responde mais de 650 exercícios.

Capítulos: 1. Estatística e análise exploratória de dados; 2. Gráficos; 3. Medidas de posição central; 4. Medidas de dispersão; 5. Medidas de ordenamento e forma; 6. Probabilidade; 7. Variáveis aleatórias e distribuições de probabilidades; 8. Amostragem; 9. Estimação; 10. Testes paramétricos; 11. Testes não paramétricos; 12. Correlação e regressão linear; 13. Números índices; 14. Séries e previsões temporais.

EXCEL APLICADO À GESTÃO EMPRESARIAL

O livro apresenta o uso da planilha eletrônica Microsoft Excel aplicado à gestão empresarial, com muitos exemplos e aplicações práticas, incluindo uma grande variedade de exemplos prontos, construídos no Excel e disponíveis com os arquivos eletrônicos que acompanham o texto. O Excel se consolidou nos últimos anos como uma das mais importantes ferramentas quantitativas aplicadas aos negócios, oferecendo a possibilidade da realização de tarefas e procedimentos mais rápidos e eficientes. O bom uso da planilha nos permite economizar tempo e dinheiro. Os tópicos abordados e as aplicações ilustradas ao longo de todo o livro permitem que o leitor amplie seus conhecimentos sobre a planilha e melhore o seu desempenho profissional. Para ampliar as possibilidades de uso

na empresa, são fornecidos diferentes exemplos, com aplicações em Finanças, Marketing, Logística e Gestão de Pessoas.

Capítulos: 1. Conhecendo o Excel; 2. Entendendo o básico; 3. Conhecendo os principais menus; 4. Trabalhando com fórmulas simples; 5. Inserindo gráficos; 6. Usando as funções matemáticas; 7. Trabalhando com funções de texto e de informação; 8. Empregando funções estatísticas; 9. Inserindo funções de data e hora; 10. Trabalhando com funções lógicas; 11. Usando funções de pesquisa e referência; 12. Operando as funções financeiras; 13. Aplicando formatação condicional; 14. Usando as opções do menu de dados; 15. Construindo tabelas e gráficos dinâmicos; 16. Facilitando os cálculos com o Atingir Meta e o Solver.

LIVROS PARA CONCURSOS

MATEMÁTICA FINANCEIRA PARA CONCURSOS

Ensina os principais conceitos relevantes de Matemática Financeira para Concursos, solucionando mais de 1.000 questões, boa parte especialmente selecionada a partir de questões de provas importantes anteriores, elaboradas pelas principais bancas selecionadoras. São propostas e solucionadas questões de importantes concursos, como os da Receita Federal, da Comissão de Valores Mobiliários, do Ministério Público da União, da Secretaria do Tesouro Nacional, do Ministério do Planejamento, Orçamento e Gestão, do Banco do Brasil, da Caixa Econômica Federal e de tantos outros. Muitas das questões apresentadas e resolvidas ao longo do livro foram elaboradas por importantes instituições, como CESPE, ESAF, CESGRANRIO e Fundação Carlos Chagas.

Capítulos: 1. Dinheiro, tempo e matemática financeira; 2. Juros simples; 3. Desconto comercial; 4. Juros compostos; 5. Operações com taxas; 6. Séries uniformes; 7. Sistemas de amortização; 8. Séries não uniformes.

ESTATÍSTICA PARA CONCURSOS

O livro foi escrito com o cuidado e o propósito de ajudar o leitor a compreender a aplicação da estatística em concursos públicos. Buscando tornar o aprendizado seguro e tranqüilo todas as suas mais de 400 questões foram classificadas por assunto e estilo de solução. Todas elas são apresentadas com a sua respectiva resposta representada sob a forma de um código numérico presente no enunciado da questão. Para reforçar a qualidade do aprendizado, eliminando as eventuais dúvidas, além das respostas, o livro apresenta todas as soluções quantitativas de todas as questões. Todos os cálculos necessários para a obtenção das respostas estão apresentados no final do livro.

Capítulos: 1. Analisando dados e tabelas; 2. Gráficos; 3. Medidas de posição central; 4. Medidas de dispersão; 5. Medidas de ordenamento e forma; 6. Correlação e regressão linear; 7. Números índices.

LIVROS PARA CERTIFICAÇÃO ANBID

CERTIFICAÇÃO PROFISSIONAL ANBID SÉRIE 10 (CPA-10)

O livro apresenta de forma clara, didática e simples o conteúdo exigido pela Certificação Profissional Anbid 10, CPA 10. Sete dos oito capítulos discutem os conceitos exigidos pela prova, incluindo uma descrição do sistema financeiro nacional, conceitos de ética e regulamentação, noções de economia e finanças, tópicos relativos aos princípios de investimentos, aspectos de fundos de investimentos e conceitos relativos a outros produtos de investimentos e sobre tributação de produtos de investimento. A leitura e o aprendizado tornam-se fáceis graças às trezentas questões inspiradas na prova, todas com suas respectivas respostas, distribuídas em pré-testes, pós-testes e simulado.

Capítulos: 1. Sistema Financeiro Nacional; 2. Ética e Regulamentação; 3. Noções de Economia e Finanças; 4. Princípios de Investimento; 5. Fundos de Investimento; 6. Demais Produtos de Investimento; 7. Tributos; 8. Simulado geral.

EXAME ANBID CPA-10

Apresenta atividades de aprendizagem que cobrem o conteúdo exigido pela Certificação Profissional Anbid 10, CPA 10, sob a forma de 400 questões respondidas. As questões estão apresentadas em seis capítulos que discutem os conceitos da prova, incluindo a descrição do Sistema Financeiro Nacional, os aspectos relativos à ética e à regulamentação dos mercados, as noções de economia e finanças, os princípios de investimentos, os fundos de investimentos, e por fim, os outros produtos de investimentos.

Capítulos: 1. Sistema Financeiro Nacional; 2. Ética e Regulamentação; 3. Noções de Economia e Finanças; 4. Princípios de Investimento; 5. Fundos de Investimento; 6. Demais Produtos de Investimento.

Formato	17 x 24 cm
Tipografia	Charter 11/13
Papel	Offset Sun Paper 75 g/m² (miolo)
	Supremo 250 g/m² (capa)
Número de páginas	240
Impressão	Yangraf

aqui

Cole aqui

Sim. Quero fazer parte do banco de dados seletivo da Editora Atlas para receber informações sobre lançamentos na(s) área(s) de meu interesse.

Nome: ______________________________

______________ CPF: ______________ Sexo: ○ Masc. ○ Fem.

Data de Nascimento: ______________ Est. Civil: ○ Solteiro ○ Casado

End. Residencial: ______________________________

Cidade: ______________ CEP: ______________

Tel. Res.: ______________ Fax: ______________ E-mail: ______________

End. Comercial: ______________________________

Cidade: ______________ CEP: ______________

Tel. Com.: ______________ Fax: ______________ E-mail: ______________

De que forma tomou conhecimento deste livro?

☐ Jornal ☐ Revista ☐ Internet ☐ Rádio ☐ TV ☐ Mala Direta

☐ Indicação de Professores ☐ Outros: ______________

Remeter correspondência para o endereço: ○ Residencial ○ Comercial

aqui

Indique sua(s) área(s) de interesse:

○ Administração Geral / Management
○ Produção / Logística / Materiais
○ Recursos Humanos
○ Estratégia Empresarial
○ Marketing / Vendas / Propaganda
○ Qualidade
○ Teoria das Organizações
○ Turismo
○ Contabilidade
○ Finanças
○ Economia
○ Comércio Exterior
○ Matemática / Estatística / P. O.
○ Informática / T. I.
○ Educação
○ Línguas / Literatura
○ Sociologia / Psicologia / Antropologia
○ Comunicação Empresarial
○ Direito
○ Segurança do Trabalho

Comentários

____

____

____

Corte aqui

ISR-40-2373/83

U.P.A.C Bom Retiro

DR / São Paulo

CARTA - RESPOSTA

Não é necessário selar

O selo será pago por:

01216-999 - São Paulo - SP

REMETENTE:

ENDEREÇO: